L'ART DE GAGNER

EN BOURSE

AVEC DES RISQUES LIMITÉS :

les produits structurés

Éditions Eyrolles
61, bd Saint-Germain
75240 Paris Cedex 05
www.editions-eyrolles.com

Jean-François Fliti
Régis Bryman

Préface de Philippe Uzan

L'ART DE GAGNER EN BOURSE

AVEC DES RISQUES LIMITÉS :
les produits structurés

Éditions
EYROLLES

Sommaire

Avertissement 1

Préface 3

Avant-propos 7

Chapitre 1
Un environnement financier en pleine mutation 11

Chapitre 2
Évolution du cadre juridique des produits structurés 25

Chapitre 3
Le poids des produits structurés dans le monde de l'épargne 39

Chapitre 4
Les composants structurels d'un produit structuré 57

Chapitre 5
Le fonctionnement des produits structurés 87

Chapitre 6
Qu'est-ce qu'un produit structuré sur le plan technique ? 97

Chapitre 7
Les différentes catégories de produits structurés............................113

Chapitre 8
Quels sont les atouts des produits structurés ? 137

Chapitre 9
Quelle rentabilité espérer des produits structurés ? 147

Chapitre 10
Quelles sont les contraintes des produits structurés ? 165

Chapitre 11
Les stratégies pour maximiser vos chances de succès.......................179

Conclusion 201

Présentation des auteurs..205

Remerciements 207

Avertissement

MARQUES ET AFFILIATIONS

Certaines marques sont évoquées dans cet ouvrage, pour faire référence à des outils recommandés ou à titre d'exemple, sans intention de promotion ni de contrefaçon. Les auteurs précisent qu'ils n'ont aucune affiliation à aucune marque. Les marques sont citées à titre informatif et demeurent la propriété exclusive de leurs ayants droit.

AVIS LÉGAL

Les auteurs se sont efforcés d'être aussi exacts et complets que possible dans la réalisation de ce livre. Néanmoins, des erreurs ou des informations obsolètes pouvant apparaître au fil du temps, il est du devoir du lecteur de confirmer toutes les informations.

Cette publication n'est pas destinée à être utilisée comme une source de conseils financiers. Elle est purement informative, et les résultats évoqués ne sont donc pas garantis car ils dépendent pour l'essentiel du degré d'implication et du suivi de chacun, dans le domaine des finances personnelles. Les auteurs déclinent toute responsabilité pour les erreurs, omissions, ou interprétations erronées du sujet traité dans ce livre ainsi que pour tout dommage ou perte subi suite à la mauvaise interprétation de ces informations.

Toutes les informations doivent être soigneusement étudiées, réfléchies et clairement comprises avant d'entreprendre une action fondée sur le contenu de ce livre. Les utilisateurs sont invités à demander l'avis de personnes compétentes afin d'effectuer une étude patrimoniale préalable à toute action de leur part. Ils doivent également comparer toutes les opinions par tous les moyens qui leur appartiennent, afin de déterminer si les informations contenues dans ce document leur sont appropriées.

Les auteurs n'assument aucune responsabilité, quelle qu'elle soit, au nom du lecteur de ce livre. Le lecteur du présent livre assume l'entière responsabilité de l'utilisation des informations fournies.

En lisant ce livre, le lecteur accepte que l'auteur ne puisse être tenu pour responsable du succès ou de l'échec des décisions prises après sa lecture. Il comprend et accepte que l'auteur n'offre pas ses services de conseil à travers cet ouvrage.

Préface

par Philippe Uzan

Les produits structurés ont débuté et pris leur essor pour le grand public en France sous le vocable de « fonds garantis » au début des années 1990. Notre pays représentait sans aucun doute le creuset idéal pour mettre l'excellence de ses formations en mathématiques financières au service d'épargnants dont l'appétit pour le risque était très modéré.

Ma propre vie professionnelle a débuté quasiment à la même période et m'a permis d'observer leur développement et leurs évolutions selon des angles divers : j'ai été opérateur de marchés, ingénieur financier, gérant de fonds garantis, enseignant, investisseur dans ces derniers y compris pour des portefeuilles institutionnels, avant de diriger des équipes de gestion. Au cours de ces quelque trente années, plusieurs livres (la plupart en anglais) et des milliers d'articles et de commentaires ont été publiés au sujet des produits structurés : ouvrages (très) techniques par (et pour) des professionnels, nuée d'écrits les présentant comme un remède miracle (le rendement sans le risque…), myriade de papiers les montrant comme un empilement opaque de frais et égrenant les différentes affaires ayant donné lieu à des condamnations en justice et/ou des sanctions réglementaires.

Le livre de Régis Bryman et Jean-François Fliti a le mérite d'apporter un éclairage différent : il est, à ma connaissance, le premier à être rédigé non par un praticien mais par des utilisateurs passionnés et avertis de cette forme d'investissements. Même si le lecteur compétent en finance comportementale pourra ici et là repérer quelques biais cognitifs, tous pourront y trouver à la fois une synthèse éclairée du contexte économique et réglementaire de l'évolution de ces produits, une explication détaillée et très à jour de leurs caractéristiques techniques, et enfin des suggestions d'utilisation rédigées avec un haut niveau d'objectivité. À ce titre, il devrait intéresser un large public à la fois de conseillers bancaires ou en gestion de patrimoine, d'étudiants en finance mais aussi et surtout d'épargnants.

On peut tenter de résumer le choix classique qui se présente à ces derniers à deux grandes familles d'instruments :

- les produits à revenu (obligations, livrets…) : le rendement est prévisible avec un haut degré de certitude, il est en général (très) modéré ou lorsqu'il est plus élevé, il rémunère un risque extrême (en général faible) de défaut de l'émetteur qui entraînerait non seulement la perte du rendement espéré mais aussi d'une part significative (mais très rarement totale) du capital investi ;

- les produits de capital (actions, investissement non coté) : en échange d'une forte incertitude qui peut aller jusqu'à la perte totale du capital investi, l'acheteur possède un intéressement à la création de profits présente et future d'une entreprise et le gain potentiel est en théorie illimité.

La plupart des produits structurés disponibles sur le marché aujourd'hui, à l'instar d'autres instruments hybrides comme les obligations convertibles, permettent de compléter ce tableau. À ce titre, ils ont leur place intermédiaire dans une allocation entre les placements sans risque et les produits en capital. Comme les fonds obligataires à échéance, ils permettent en général d'avoir une idée assez claire à l'achat du rendement qu'ils procureront en l'absence de scénario franchement défavorable. Comme dans une obligation à haut rendement, ils offrent un coupon boosté par la possibilité de perte significative si le niveau de protection du capital est dépassé. Les techniques de structuration permettent donc d'élargir l'univers de l'investissement, notamment en liant les paramètres de risque, non pas à l'évolution d'une entreprise donnée comme dans le cas d'un investissement en direct mais à celle d'un marché donné au travers d'un indice.

L'image qu'évoque pour moi l'apport des produits structurés pour un épargnant, c'est la solution du fameux casse-tête dans lequel l'enjeu est de relier 9 points placés en carré à l'aide de 4 droites sans lever le crayon. La réponse est bien connue : il faut sortir du cadre !

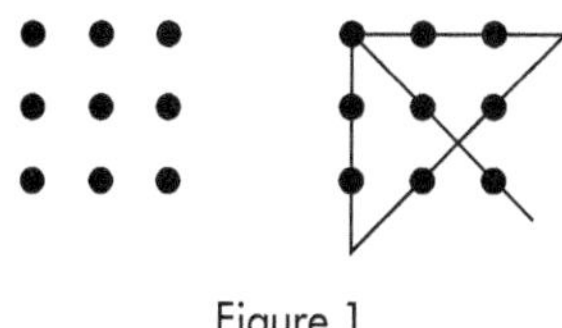

Figure 1

Philippe Uzan
Directeur des gestions, EDRAM au 15 janvier 2019

Avant-propos

par Régis Bryman

Si je ne suis pas un expert financier de renom, je ne suis toutefois pas novice en matière de finance. En effet diplômé d'École Supérieure de Commerce, j'expérimente depuis des années toutes sortes de solutions financières.

Mais revenons à notre propos et surtout à ce qui m'a amené jusqu'aux produits structurés. Mon histoire débute à la fin des années 1990 où, jeune épargnant, j'ai commencé à investir en Bourse avec un certain succès puisque mes investissements ont alors atteint des sommets, à la mesure cependant des faibles montants engagés à l'époque ! Tout cela jusqu'en 2000 où je n'ai pas échappé au retournement du marché, voyant tous mes espoirs de gains supplémentaires s'envoler avec ! C'est à ce moment que j'ai pris conscience que tout ce que j'avais appris sur Kondratiev et ses cycles économiques constitués d'une succession de hauts et de bas était parfaitement juste. Aussi, ayant comme objectif personnel de construire le plus rapidement possible un patrimoine, je me suis résolu à revoir ma copie.

Convaincu que dans ce monde la seule constante est l'inconstance, je me suis alors interrogé sur la meilleure méthode pour maîtriser mon risque tout en obtenant des rendements satisfaisants. J'ai ainsi testé de nombreux investissements pendant quelque temps, jusqu'au milieu des années 2000. Et c'est finalement après avoir expérimenté, testé et fait des calculs et des simulations dans tous les sens que j'en suis arrivé aux mêmes conclusions que tous les experts financiers : sur le long terme, la Bourse est le meilleur moyen de « s'enrichir ». Cependant, j'en tire aussi d'autres enseignements : la Bourse n'est en aucun cas un long fleuve tranquille et les investissements en bon père de famille, du type « j'achète des titres et j'attends que cela monte », n'existent pas. Car s'il est vrai que la Bourse est en croissance permanente, ce ne sont pas toujours les mêmes titres qui rencontrent le succès. Il fallait donc trouver une solution peut-être moins « séduisante » sur le papier mais avec la perspective d'une meilleure gestion du risque.

J'ai ainsi pris à nouveau le temps nécessaire pour améliorer mon niveau de connaissance des marchés financiers. Pour cela, je me suis formé en consultant de nombreux ouvrages. Cette démarche m'a permis d'élargir considérablement mon champ de vision.

C'est à partir de ce moment que je me suis intéressé aux « fonds à formule », ancêtres des « produits structurés », produits hybrides qui mélangent différents actifs financiers : des actions, des produits de taux, des produits dérivés.

Concernant ces derniers, j'avais déjà eu l'occasion d'en tester certains comme les warrants, au moment de « mon époque boursière ». Mais le caractère très « exotique » de ces solutions qui amplifient de manière brutale les mouvements aussi bien haussiers que baissiers m'avait rapidement dissuadé de poursuivre dans cette direction compte tenu des risques associés.

J'ai alors étudié le marché pendant quelques mois afin de mieux comprendre l'ensemble des mécanismes de ces « fonds à formule ». J'ai suivi de près leur actualité puis je me suis lancé dans mes premiers investissements avec ma banque habituelle. Très vite je me suis aperçu qu'il existait sur le marché une multitude de produits mais que je n'avais accès qu'à un nombre limité d'entre eux. En effet, ma banque ne proposait que ses produits « maison ». Je me suis alors tourné vers un conseiller en gestion de patrimoine indépendant (CGPI) qui m'a semblé plus à l'écoute de mes besoins. C'est à ce moment, vers 2007, que j'ai réellement commencé à investir sur des produits structurés, la version modernisée des fonds à formule.

Pensant avoir trouvé une marotte offrant un rapport gain/risque très satisfaisant, j'ai poursuivi mes investissements pendant plusieurs années, avec succès d'ailleurs. Toutefois, j'ai été déçu de voir qu'avec le temps plusieurs paramètres fondamentaux des produits structurés évoluaient défavorablement : les taux d'intérêt, le durcissement des conditions de marché et le raffermissement du cadre juridique. J'étais donc condamné à me renouveler sans cesse pour maintenir ma performance sur la durée. En 2016, j'ai découvert un autre placement : le « crowdlending ». C'est en recherchant de l'information sur cette thématique que je me suis aperçu qu'aucun livre ne traitait de ce thème pourtant passionnant et plein de promesses. C'est alors que m'est venue l'idée d'écrire un premier livre. Mon objectif était simple : vulgariser au maximum cette solution financière en étant à la fois clair et précis pour toucher le plus grand nombre de lecteurs tout en restant le plus impartial possible.

Suite à la lecture de mon livre, mon ami de longue date Jean-François Fliti, professionnel reconnu de la finance, me suggéra de travailler avec lui sur un projet d'ouvrage relatif à une autre catégorie de placement pertinent aussi bien pour les particuliers que pour les sociétés au niveau de leur trésorerie longue : les produits structurés.

Comme pour le crowdlending, après avoir effectué un long travail de recherche, nous nous sommes rendu compte qu'encore une fois les informations disponibles sur le sujet étaient peu structurées, un comble pour de tels produits ! En effet, la documentation était très technique et peu adaptée à ce que des épargnants non professionnels recherchaient : simplicité et clarté.

Ainsi, cet ouvrage a-t-il été rédigé dans le but de partager l'expérience d'un investisseur et d'un praticien afin de vous proposer un regard le plus juste possible. Pour vous garantir cette parfaite objectivité, nous avons pris le parti d'adopter un ton décontracté. Il s'agit pour nous de vous guider en vous donnant un maximum d'informations en toute indépendance. Pour rappel, nous ne sommes affiliés à aucune société ou organisme qui aurait intérêt à vous prodiguer des conseils pour orienter vos investissements vers une solution plutôt que vers une autre.

Et c'est toujours pour garantir la plus grande objectivité de notre propos que Jean-François Fliti et moi-même avons également décidé de réaliser ce livre sans aucune interview d'intervenants affiliés à une banque ou une compagnie d'assurance.

Au-delà du souhait de vous convaincre des bienfaits des produits structurés, notre volonté est avant tout de vous aider à avancer plus vite et à être plus efficace dans vos décisions de placements, si vous décidez un jour de choisir ce type de solutions.

Évidemment, puisque ce livre est avant tout le fruit d'une expérience très personnelle, toutes les opinions que vous y trouverez n'engagent personne d'autre que ses auteurs. Pour la suite, ce sera donc à vous de faire la part des choses, en partageant ou pas notre opinion, et surtout en vous faisant vous-même la vôtre.

Nous vous en souhaitons une bonne lecture…

1

Un environnement financier en pleine mutation

Avant de rentrer concrètement dans le vif du sujet des produits structurés, nous avons jugé important, en particulier pour les moins avertis d'entre vous, de vous aider à prendre un peu de recul sur le contexte général dans lequel ils s'inscrivent. En effet, nous souhaitons repartir de la genèse de leur existence et surtout de la combinaison des différents facteurs économiques environnementaux qui les rendent aujourd'hui pertinents en tant que solution pour votre épargne. Aussi, dans ce chapitre nous nous attacherons essentiellement à décrire le contexte financier global qui justifie leur existence.

Un environnement économique de plus en plus complexe à analyser

Dans le monde dans lequel nous vivons aujourd'hui, le modèle est-ouest qui a prévalu pendant près de soixante ans au siècle dernier a totalement disparu. Les économies sont désormais toutes interconnectées les unes aux autres avec des flux d'échanges qui ne cessent de s'accroître tout comme l'interdépendance des États. Alors qu'au 20ᵉ siècle, lorsqu'une crise apparaissait au sein d'une économie, ses conséquences étaient généralement locales et pouvaient être circonscrites facilement sans grand impact pour les autres, ce n'est clairement plus le cas aujourd'hui.

Tant à l'échelle européenne que mondiale, cette situation a nécessité la mise en place de différents organismes de régulation qui ont vu le jour ces dernières années. Avec la multiplication des sujets et des États adhérents, le pouvoir de ces organismes s'élargit en permanence. Aux yeux des principales puissances économiques mondiales, leur existence se justifie pleinement puisque l'objectif est de pouvoir agir rapidement et de façon concertée en cas d'événement perturbateur. L'intention est positive puisqu'il s'agit d'éviter l'effet de contagion.

Paradoxalement, depuis ces vingt dernières années et alors même qu'existe ce nouvel ordre mondial apparent, nous avons assisté à une très forte accélération d'événements économiques internationaux perturbateurs. Ceci s'explique en réalité assez facilement. Puisque désormais, à chaque fois qu'une crise se produit à l'échelle d'un État tous les autres sont également impliqués, chaque situation « hors de la norme définie » est systématiquement scrutée par toute la scène financière mondiale.

Ainsi, l'impact psychologique étant au moins aussi fort que l'impact économique réel, et l'effet domino produisant systématiquement son effet, chaque crise n'est donc désormais plus jamais considérée comme isolée ou petite.

Cette nouvelle façon de gérer l'ordre économique mondial a conduit à deux conséquences :

- la durée des cycles économiques s'est raccourcie, que ce soit en phase de hausse ou en phase de baisse ;
- la fréquence de cette alternance a augmenté avec un enchaînement de périodes de croissance très dynamique et de crises relativement courtes mais toujours très brutales.

Bien entendu, chaque crise dispose de ses propres caractéristiques et origines qui demeurent le plus souvent complexes à expliquer. Cependant, leurs conséquences sont toujours les mêmes : une baisse immédiate et commune des différents marchés financiers mondiaux. Ces crises sont par essence très rapides dans leur développement et les mouvements boursiers associés sont le plus souvent extrêmement difficiles à appréhender à l'avance. Lorsqu'on est un intervenant de marché, que l'on soit un opérateur qui agit pour le compte d'un tiers, un investisseur institutionnel ou un investisseur particulier, il est désormais de plus en plus complexe d'être dans le bon timing lorsqu'on décide d'investir sur des supports financiers.

Pour illustrer notre propos, mais sans rentrer dans le détail de leurs causes, nous vous remémorons ci-dessous quelques-unes des principales crises qui ont affecté significativement les marchés financiers ces dernières années. Vous noterez qu'il est nécessaire d'avoir le cœur bien accroché !

- Crise de la dette en Russie en 1998.
- Crise de change en Turquie en 2000.
- Crise post-11 septembre 2001.
- Crise monétaire au Brésil en 2002.
- Crise des *subprimes* en 2007.
- Crise grecque en 2009.

- Crise immobilière espagnole en 2010.
- Crise du rouble russe en 2014.
- Crise du krach chinois en 2015.

Et pour 2018 nous assistons à un véritable festival : crises simultanées sur les pays émergents à chaque fois pour des raisons différentes (en Argentine, en Turquie, au Brésil, en Afrique du Sud), tensions commerciales entre les États-Unis et la Chine, embargo sur le pétrole iranien qui conduit à la hausse des prix du baril…

Vous imaginez aisément que si ces mêmes crises étaient intervenues cinquante ans plus tôt dans un monde où chaque économie était isolée, vous n'en auriez sans aucun doute pas entendu parler.

LES MÉTHODES HABITUELLES D'ÉVALUATION DES ENTREPRISES DÉPASSÉES

Lorsque l'on évoque les marchés financiers et plus particulièrement les marchés actions, il existe deux approches traditionnelles qui s'opposent pour valoriser le « juste » cours d'une entreprise cotée :

- d'une part, on parle de l'« analyse fondamentale » qui repose sur l'étude de ratios économiques standardisés. Elle permet d'évaluer la valeur de l'entreprise sur le plan strictement financier ;

- d'autre part, on évoque l'« analyse technique » qui repose sur l'analyse des ratios de « comportement » de marché au travers de graphiques sur les cours. En étudiant l'évolution des cours dans le temps et les volumes de titres traités, on essaye de faire des modèles d'évolution de cours et des projections sur des échéances généralement assez courtes.

Pour simplifier les choses, jusqu'à présent ces deux approches n'étaient *a priori* pas antinomiques mais plutôt complémentaires, en fonction de l'optique dans laquelle on se place. En effet, on avait tendance à dire que l'analyse technique était essentiellement réservée à la vision court terme d'une valeur et l'analyse fondamentale plutôt réservée à la perception plus long terme. Mais dans un contexte où les changements sont nombreux cette approche tend à évoluer à la faveur de l'analyse technique. En effet, il n'est pas rare désormais de rencontrer sur le marché des entreprises dont les niveaux de valorisation sont faibles alors que leurs fondamentaux économiques sont pourtant sains sur le plan théorique. Au contraire, il est aussi fréquent de trouver des entreprises plus faibles économiquement mais très spéculatives monter à des valorisations hors du commun.

Tout ceci s'explique par quatre principaux facteurs :

- à l'heure de la communication instantanée, la moindre information vraie ou fausse est propagée à la vitesse de la lumière et ses effets sont immédiats. Il est donc logique que l'analyse de court terme soit privilégiée par rapport à l'analyse de long terme ;

- les principales sociétés et leurs secteurs d'activité associés sont étudiés quotidiennement par différents cabinets d'analyse qui publient chaque semaine des rapports qui peuvent en quelques instants faire grimper ou chuter une valeur, y compris les meilleures d'entre elles ;

- beaucoup d'opérations sont désormais générées de façon automatique par des robots traders qui sont programmés pour agir en fonction de seuils de déclenchement prédéfinis. Ils sont justement réglés sur la base d'analyse de facteurs techniques. Ils vont donc tous dans le même sens au même moment et viennent amplifier les mouvements à la hausse ou à la baisse quand ces seuils de déclenchement sont atteints. Même les plus avertis des intervenants sur les marchés ont parfois du mal à suivre le mouvement ;

- certains fonds spéculatifs interviennent régulièrement de façon opportuniste pour amplifier les mouvements suivant leurs intérêts et utilisent des effets de leviers importants qui peuvent, sur des périodes plus ou moins longues, « dérégler » totalement le cours d'une action par rapport à sa valeur fondamentale.

LA BAISSE DE RENDEMENT DES FONDS EUROS

Bien que les Français aient traditionnellement investi dans la pierre, ils disposent aussi de sommes très importantes investies sur les marchés financiers au travers d'un système inventé il y a plus de quatre-vingt ans, à savoir l'assurance vie. Nous reviendrons un peu plus loin dans ce livre sur son principe de fonctionnement et expliquerons comment les produits structurés lui sont extrêmement liés. À date, le montant total des encours gérés par ce système représente environ 1 700 milliards d'euros, ce qui est colossal à l'échelle de la France. Ces actifs se décomposent en deux grandes catégories de produits financiers :

- d'une part, les actifs financiers dits « fonds euros » représentent 80 % de la valeur des contrats et sont basés essentiellement sur des supports obligataires, c'est-à-dire des emprunts émis par des États, des entreprises ou autres institutionnels ;

- d'autre part, les actifs financiers dits en « unités de compte » représentent environ 20 % des actifs gérés basés sur des supports en actions de sociétés cotées ou non cotées. Ils ont néanmoins eux aussi le plus souvent une forme obligataire.

Les fonds euros ont été pendant des décennies le moteur de l'épargne financière française. Ceci tient à deux grands facteurs.

Premièrement, la majorité des personnes est peu familière des marchés financiers. De plus, les épargnants ont une aversion naturelle pour le risque. Le principe fondamental des fonds euros est de garantir aux investisseurs les montants épargnés par une valorisation en euros et un effet cumulatif des intérêts de l'épargne dans le temps.

Ceci est extrêmement rassurant et facile à suivre pour les épargnants qui connaissent ainsi de façon certaine et à tout moment le montant de leur épargne accumulée avec le temps.

Le deuxième facteur est historique. Il est lié aux conséquences de la fin de la Seconde Guerre mondiale. À cette époque, l'État français qui cherche à tout prix à reconstruire le pays met tout en œuvre pour favoriser la collecte de fonds par l'intermédiaire des épargnants individuels au travers du système de l'assurance vie. Cette collecte se réalisera *via* deux types d'emprunts :

- *les emprunts dits d'État (OAT)*, c'est-à-dire à destination de lui-même pour qu'il puisse construire et développer les infrastructures du pays ;
- *les emprunts privés* à destination des grandes entreprises nationales afin qu'elles puissent investir, embaucher et ainsi atteindre une taille critique qui leur permettra de rayonner au niveau international.

Or, tous ces emprunts dits « obligataires » ont constitué pendant une très longue période la base de l'épargne financière en France et sont venus alimenter le socle des fonds euros.

Mais depuis plusieurs années, la donne a changé et les rendements offerts baissent structurellement pour de multiples raisons.

D'abord, à partir des années 1970, avec les crises pétrolières et les dérives inflationnistes qu'elles ont engendrées, les banques centrales ont dû intervenir afin de calmer les ravages qui en résultaient sur l'économie.

Puis progressivement de nouveaux capitaux en provenance de pays asiatiques sont arrivés sur les marchés internationaux et ont accru l'offre disponible et la concurrence bancaire.

Enfin, plus spécifiquement en France, des crises structurelles se sont succédé et ont freiné la demande pour de gros projets d'investissements qui nécessitent des emprunts importants. Beaucoup de porteurs échaudés par ces crises permanentes et l'instabilité fiscale sont devenus très prudents.

Cette situation de baisse des rendements obligataires, bien qu'anticipée de longue date, n'a pour autant pas donné aux intervenants l'envie d'agir, sans doute par manque de vision et surtout par manque de courage. Ils sont donc longtemps restés sans rien faire, attendant passivement que la situation arrive à son paroxysme, c'est-à-dire à un début de décollecte. Concrètement, les investisseurs qui voyaient leurs rendements s'effondrer ont commencé par ne plus investir, ce qui a entraîné une stagnation des encours, puis certains mois les dépôts ont représenté des sommes moins importantes que les retraits. D'ailleurs, à fin 2017, la collecte nette en assurance vie a pratiquement été divisée par deux par rapport à 2016.

L'État a toujours été parfaitement conscient de la situation mais sa principale préoccupation était jusqu'à présent de maintenir le système qu'il a lui-même mis en place. Sous couvert de bonnes intentions, il a fait passer les lois dites « Sapin 2 » du nom du ministre qui les a mises en œuvre. En quelques mots, il s'agit pour l'État en cas de crise majeure, c'est-à-dire de décollecte massive, d'autoriser un gel des avoirs des contrats d'assurance vie libellés en euros. En d'autres termes, cela signifie l'impossibilité pour les détenteurs de contrats de vendre des actifs pour une période de six mois renouvelable. Cette initiative, au lieu de les rassurer, a suscité la méfiance et la crainte des épargnants.

De leur côté, avec la diminution des rendements, les compagnies d'assurances sont prises entre différents feux. Cette baisse constitue une véritable menace pour leur modèle économique et se manifeste à plusieurs niveaux.

Même si nous n'en sommes pas encore là, une décollecte des encours pourrait être importante dans les années à venir. Dans ce cas-là, elle se traduirait directement dans les comptes des assureurs par une diminution des frais facturés à leurs clients, qu'ils soient prélevés au moment de la souscription ou de façon récurrente. C'est d'ailleurs déjà le cas, puisque pour rester compétitives et maintenir un niveau de collecte acceptable, la majorité des compagnies d'assurances a dû se résoudre à diminuer les frais facturés à ses clients.

Par ailleurs, à cause des règles prudentielles (Bâle 3) imposées par les autorités de régulation depuis 2010, les compagnies d'assurances sont tenues de détenir une part plus importante de leurs fonds propres investis sur des supports dits sécurisés, ce qui vient aussi dégrader leur rentabilité.

Afin d'affronter ces courants défavorables pour leur activité, elles ont donc mis en œuvre de vastes plans visant à inciter voire obliger leurs clients à réorienter au moins en partie leurs investissements. Les supports ainsi proposés sont dits en « unités de compte » et sont plus rentables car ils permettent à la fois d'offrir des rendements supérieurs aux fonds euros et de facturer des frais plus importants. Toutefois, leur lisibilité apparaît comme moins nette puisque vous détenez des parts dont la valorisation varie tous les jours et la performance est le plus souvent obtenue lors du remboursement du produit. Ces solutions ne gagnent que très lentement leurs lettres de noblesse même si leur part ne cesse d'augmenter dans les fonds collectés par l'intermédiaire de l'assurance vie.

Les épargnants justement, ce dernier maillon de la chaîne, habitués à disposer jusqu'à présent d'une rémunération attractive rapportée au risque, ont aussi pris conscience de la situation mais sont assez désorientés. Ils sont bien sûr très intéressés à trouver des solutions de substitution pour leur épargne mais ils n'aiment pas le risque qui est contre leur nature. Ils veulent le voir le plus maîtrisé possible, ce qui, désormais, est loin d'être évident.

La combinaison de tous ces vents défavorables confronte les opérateurs, créateurs et gérants de produits et solutions patrimoniaux à la nécessité de faire preuve d'ingéniosité pour proposer des actifs qui soient à la fois rentables, relativement liquides et peu exposés aux risques.

DES CLASSES D'ACTIFS MOINS CLOISONNÉES

Ces vingt dernières années ont été particulièrement fortes en termes d'évolutions technologiques. On a ainsi assisté à la démocratisation d'Internet et à une forte augmentation de la puissance de calcul des machines. Tout ceci s'est traduit au quotidien par une digitalisation sans cesse plus importante de l'économie. Pour les investisseurs, la conjugaison de tous ces nouveaux moyens technologiques a permis l'émergence d'une forte augmentation du nombre de supports d'investissements à disposition.

En effet, jusqu'à présent nous avions pour habitude de classer les actifs en trois grandes catégories de supports :

- *les produits de taux* sont constitués essentiellement par les solutions monétaires (ex. : Livret A) et les solutions obligataires (ex. : emprunt d'État). Les niveaux de taux actuels, proches de zéro, limitent le potentiel de gain sur les produits de taux et pourraient même engendrer des pertes en cas de remontée des taux dans le futur. Car lorsque les taux montent, la valeur des obligations déjà émises à taux inférieur baisse puisqu'elles sont moins compétitives. Ainsi un portefeuille constitué essentiellement d'obligations (détenues en direct ou *via* un fonds obligataire) subit une baisse de valorisation immédiate en période de hausse de taux d'intérêt ;

- *les produits actions* sont représentés par la détention de titres classiques ou mutualisés (ex. : Sicav), les produits dérivés (ex. : warrants) et les devises (ex. : dollar). Ces supports sont généralement présentés comme les placements les plus rentables sur le long terme. Cette règle est globalement vraie pour le marché dans son ensemble. Ce n'est pas toujours le cas à l'échelle d'un titre ou d'un secteur donné. Les acheteurs qui avaient investi sur certaines valeurs du secteur technologique en 1999 n'ont toujours pas retrouvé leur niveau de cours de l'époque et ce près de vingt ans plus tard. Les actions n'offrent aucune protection du capital et le souscripteur subit pleinement leur baisse avec le risque de devoir vendre au pire moment s'il a besoin de récupérer sa mise ;

• *les actifs physiques* sont constitués de l'immobilier et des matières premières (ex. : pièces Napoléon en or). Ces actifs disposent de leurs propres règles mais sont aussi très dépendants des autres actifs quand les crises financières apparaissent. L'or est souvent considéré comme une valeur refuge. De même, quand les taux d'intérêt diminuent, les prix de l'immobilier augmentent et inversement. Enfin, d'autres éléments comme la rareté de l'offre ou la spéculation plus ou moins importante sur certaines zones ou encore des changements d'ordre fiscal peuvent aussi influencer l'attrait à la hausse ou à la baisse de ces actifs.

Toutes les évolutions que nous avons connues ces dernières décennies ont été un facteur favorisant la suppression progressive des frontières entre les différentes classes d'actifs. Les interdépendances sont à présent plus fortes que jamais. Aussi, de nos jours, lorsqu'un nouveau produit d'investissement apparaît sur le marché, il est de moins en moins facile de cerner avec précision à quelle classe d'actif il se rapporte. En effet, les outils ou les techniques d'investissement mis en œuvre peuvent être complexes.

Pour vous donner quelques exemples :

• dans l'immobilier on a assisté ces dernières années à une forte augmentation de la titrisation d'actifs physiques comme les commerces, bureaux, hôtels, logements sous forme de SCPI. On a multiplié les formes de détention : usufruit, pleine propriété, nue-propriété… Enfin, on a ajouté différents cadres juridiques à ces SCPI : fiscal, de plus-value, de rendement. La crise des *subprimes* de 2008 est la parfaite illustration du phénomène. Des emprunts immobiliers d'Américains issus de classes moyennes peu solvables ont été titrisés. Ils sont devenus des produits financiers cotés et ont conduit à la catastrophe que nous avons tous vécue ;

- sur les actions, c'est le nombre de supports de types produits dérivés qui a vu son nombre considérablement augmenter. Au-delà des traditionnels warrants, on a vu arriver de nombreux autres produits tels les Turbos, certificats en tous genres, Trackers et autres CFD (*Contracts For Difference*) dont les modalités de construction ou de fonctionnement sont toujours plus spécifiques.

Les produits structurés dont nous allons parler tout au long de ce livre font partie de ces « nouvelles » solutions dites hybrides. Leur mode de construction très ouvert basé sur la combinaison de multiples outils financiers (options, obligations, actions) représente une parfaite illustration de ces nouveaux supports à cheval entre plusieurs supports ou classes d'actifs.

DANS CE CONTEXTE, QUELLE STRATÉGIE ADOPTER ?

De façon universelle, le gain sur les marchés financiers ne doit répondre qu'à une seule stratégie : disposer d'une méthode éprouvée qui minimise le risque de perte tout en maximisant le rendement. Les probabilités de gagner de l'argent doivent toujours être fortement en votre faveur. Or malheureusement, la majorité des investisseurs ne comprennent pas ce principe de base et vont se diriger naturellement vers des méthodes plus ou moins aléatoires.

La première méthode est celle qui consiste à faire du trading de valeurs. À notre avis, il faut directement l'éliminer car plus de 90 % des traders à long terme finissent perdants et 98 % des daytraders (ceux qui achètent et vendent dans la même journée) perdent eux aussi de l'argent. Ces chiffres ont été confirmés par de nombreuses études réalisées sur les performances obtenues par les investisseurs non professionnels. Il suffit de faire quelques recherches pour s'en apercevoir. Il ne faut donc pas se laisser avoir par le miroir aux alouettes proposé par des individus peu scrupuleux qui font la promotion de stratégies de trading aux rendements miraculeux. Dans la très grande majorité des cas, elles ne fonctionneront pas.

La deuxième méthode est la plus classique : investir de manière passive. C'est le choix que font la majorité des gens qui n'ont pas de temps à consacrer à la Bourse. Ils achètent un fonds d'investissement qui va simplement répliquer un indice boursier (comme l'Euro Stoxx 50, par exemple). Si investir passivement peut s'avérer être une bonne solution, le problème essentiel tient au fait que la vitesse d'enrichissement est assez lente. Les distributions de dividendes sur des indices boursiers se situent aux alentours de 2 % (en fonction des différents marchés). C'est certes l'équivalent des meilleures assurances vies basées sur des fonds euros, mais cela reste faible compte tenu des aléas des marchés boursiers.

La troisième solution est la plus classique dans sa forme : acquérir sur le marché des actions de grosses sociétés reconnues comme étant de qualité et en croissance régulière. Les dividendes distribués chaque année viendront suivre eux aussi cette évolution favorable tout au long des années. Reste une seule inconnue, le moment où vous allez investir, c'est-à-dire le « timing d'entrée ». En effet, si vous fonctionnez comme la majorité des gens, vous allez investir sur ces valeurs juste au moment où elles viennent de monter brutalement. Vous risquerez donc de les avoir achetées trop cher, ce qui vous coûtera probablement plusieurs années de dividendes. Voici un exemple pour démontrer ce principe :

le cours normal d'une action est de 80 €. Suite à de bonnes nouvelles diffusées dans la presse, celui-ci monte rapidement à 100 €. C'est le moment que vous avez choisi pour acheter. Quelque temps plus tard, le titre revient à son cours de référence, c'est-à-dire à 80 €. Dans l'hypothèse où celle-ci distribue 5 € de dividende par an, vous devrez attendre 4 ans de dividende, soit 5 €/an × 4 ans = 20 € pour retrouver votre prix d'acquisition à 100 €. Bref, cela peut se révéler être une affaire peu intéressante, même si l'action en question était pourtant de qualité.

Les produits structurés viennent quant à eux s'inscrire en tant que quatrième alternative. Ce sont évidemment des solutions peu connues pour la majorité des investisseurs. Pourtant, en offrant d'autres choix d'investissements attractifs, ils viennent compléter l'offre habituelle d'instruments financiers classiques du marché.

La teneur de cet ouvrage consistera donc à vous démontrer les nombreux avantages qu'ils offrent par rapport à ces outils traditionnels et à vous donner toutes les clés de lecture nécessaires à leur parfaite compréhension afin de savoir les maîtriser.

2

Évolution du **cadre juridique** des produits structurés

Comme nous venons de le voir avec ce premier chapitre, les produits structurés sont des solutions qui peuvent sur le plan théorique être tout à fait indiquées et pertinentes pour de nombreux investisseurs. Toutefois, il ne faut pas éluder le fait que ce sont des solutions complexes à appréhender. Pour franchir une nouvelle étape de leur découverte et avant de rentrer dans un détail d'éléments plus techniques, nous allons revenir sur leur histoire. Il s'agit d'évoquer essentiellement leur évolution sur le plan juridique depuis leur naissance jusqu'à nos jours.

Les années 1990 à 2000, peu de risques et de très forts gains pour tous

Repartons donc à l'origine de ces produits au début des années 1990. À cette époque, avec l'envolée de la Bourse, de nombreux établissements bancaires traditionnels se mettent à lancer de nouvelles gammes de produits, les fonds dits « à formule », des produits novateurs pour l'époque répondant à une vraie demande : offrir la promesse de profiter du potentiel de hausse de la Bourse tout en offrant une protection du capital en cas de baisse. On parle à l'époque de « fonds garantis », qui rencontrent très rapidement le succès escompté par leurs promoteurs : les banquiers, les assureurs, les CGP.

Il faut se remettre dans le contexte de l'époque et se rappeler qu'à ce moment, la situation des marchés financiers facilite la conception de ces placements. Les taux d'intérêt sont élevés, aux alentours de 7 % au milieu des années 1990. Cela permet de disposer de marges de manœuvre importantes pour assurer le remboursement de 100 % du capital tout en disposant d'une partie de l'argent investi pour miser sur les gains de la Bourse.

Par ailleurs, ce contexte favorable permet d'utiliser certains montages techniques faisant appel au marché à terme ou différentes assurances de couverture. De surcroît, les mécanismes de construction des produits permettent de laisser entrer ou sortir les investisseurs de façon extrêmement souple.

L'arrivée des produits structurés et le début de la complexité

Cependant, à partir du début des années 2000 le contexte financier se dégrade avec des taux d'intérêt qui descendent progressivement vers

5 %, ce qui rend plus difficiles les montages de fonds garantis. C'est à ce moment-là que l'on assiste à la naissance d'une variante des « fonds à formule », les « produits structurés », en apparence très proches mais en réalité assez différents.

Le tableau suivant résume assez simplement les nuances importantes de ces produits. Nous rentrerons plus en détail dans un prochain chapitre sur les caractéristiques spécifiques des EMTN (*Euro Medium Term Notes*).

	Fonds à formule	Produits structurés
Statut juridique	Sicav, FCP (fonds communs de placement) de droit français.	EMTN *(Euro Medium Term Notes)* de droit étranger à valeur de remboursement variable.
Forme	La banque gère pour le compte du client le panier d'actions qui composent le fonds et les couvertures.	L'épargnant détient une créance (emprunt obligataire) vis-à-vis de la banque émettrice du produit.
Capital à échéance	Garantie sur le capital.	Protection partielle du capital sous conditions.
Gain	Rendement faible.	Rendement attractif si les conditions définies à la souscription sont remplies.
Coût de fabrication	Élevé.	Moyen à faible.

Cependant, dans l'intervalle, les banques avaient pris l'habitude de « placer » à leurs clients leurs produits maison (les fonds à formule) et ceux-ci en étaient devenus friands au point de continuer à les réclamer.

Finalement, le plus simple pour tout le monde était consciemment ou inconsciemment d'expliquer et de croire que les « produits structurés » ou les « fonds à formule », cela revenait à la même chose. Pourtant, le contexte avait changé, et la clientèle n'était pas davantage formée que par le passé pour comprendre toutes les subtilités techniques et le vocabulaire associé. Elle percevait ces produits comme un moyen simple et sans danger de gagner systématiquement comme c'était le cas quelques années plus tôt.

C'est ainsi que plusieurs centaines de milliers de clients issus des grands réseaux bancaires ont continué à investir sur ces nouvelles solutions, sans se méfier ni chercher à comprendre tous les tenants et les aboutissants.

L'ARRIVÉE DES LITIGES

La conséquence de cet engouement persistant alors que les conditions avaient changé ne s'est pas fait attendre puisque dès le milieu des années 2000 (à l'échéance des produits) certains épargnants ne se sont pas retrouvés avec les résultats qu'ils espéraient.

Les principaux reproches formulés étant :

- l'absence de gain car celui-ci n'était désormais plus automatique et soumis au respect de conditions d'éligibilité ;
- le prélèvement de frais de gestion pendant toute la durée de vie du produit même en l'absence de gain ;
- dans les pires cas, une non-récupération du capital à 100 % du fait d'un manque de compréhension du mécanisme de fonctionnement du produit.

Mais comment avons-nous pu en arriver là ? L'explication est en réalité assez simple : le succès des « fonds à formule » s'est construit sur un malentendu qui a entraîné beaucoup de déconvenues lorsqu'ils ont évolué en « produits structurés ».

D'abord il y a eu beaucoup trop souvent une asymétrie d'information entre les caractéristiques réelles de ces placements et la façon de les présenter aux clients.

L'attrait principal de ces placements mis en avant par les distributeurs était la lisibilité de résultat qu'ils offraient à leur échéance. Du coup, les cibles de ces placements se sont finalement retrouvées être les épargnants les plus frileux, ceux qui avaient besoin d'être rassurés par cette lisibilité. Or cette lisibilité apparente s'est révélée au bout du compte presque aussi aléatoire qu'avec les stricts placements boursiers.

Finalement, les multiples scénarios possibles d'évolution de ces placements en fonction des aléas boursiers ont été présentés aux investisseurs sous la forme de quelques situations simplifiées, ce qui a fortement diminué la perception des risques réels. Pour certains produits commercialisés on a pu se retrouver au bout de dix ans dans des scénarios très aléatoires pour lesquels la réalisation d'un gain significatif ou d'une perte partielle reposait sur très peu d'éléments différenciants comme s'il s'agissait d'une loterie !

Le facteur psychologique est aussi un élément important au moment de la souscription comme au moment de la déception. Les épargnants les plus frileux qui étaient en quête de certitudes ont voulu croire au meilleur scénario proposé. Malheureusement pour eux, ils représentaient en même temps la catégorie d'investisseurs la plus attachée à la sécurité de ses investissements, plutôt que celle des investisseurs ayant une gestion dynamique de ses placements.

Aussi, de nombreuses plaintes ont-elles été déposées auprès des tribunaux par ceux qui s'estimaient lésés. Ils n'ont d'ailleurs pas hésité à faire intervenir les différentes associations de consommateurs telles qu'UFC-Que Choisir afin de les représenter au sein de procédures collectives.

Qu'ont-ils trouvé en face d'eux ? Les banques émettrices, les assureurs, les distributeurs (CGP) qui ont considéré qu'ils avaient tout mis en œuvre correctement pour fournir à leurs clients les éléments d'information nécessaires à leur compréhension et surtout à la décision d'investir.

Ce sont donc plusieurs instances publiques qui se sont prononcées sur les différents cas de litiges :

- les juges des tribunaux mandatés pour l'occasion ;

- l'AMF (Autorité des marchés financiers) qui intervient dans le cadre des produits commercialisés sur les comptes titres ordinaires ;

- l'ACPR (Autorité de contrôle prudentiel et de résolution) qui intervient pour les produits commercialisés dans le cadre de l'assurance vie.

Ces deux organismes ont notamment pour rôle de veiller à ce que les épargnants soient informés de la façon la plus juste possible sur la nature des solutions financières auxquelles ils souscrivent.

L'ÉVOLUTION DE LA RÉGLEMENTATION

Ainsi, à partir de 2010, l'AMF et l'ACPR ont été obligées de réagir en procédant à des évolutions réglementaires pour limiter au maximum les risques et renforcer la protection des épargnants en prenant un certain nombre de mesures concrètes.

1. En amont de la commercialisation, l'obligation systématique de consultation par l'AMF de la présentation marketing des produits proposés afin de s'assurer que les risques et le profil de gain/perte soient correctement présentés.

2. La stricte normalisation de la nature des documents à fournir aux épargnants avant d'effectuer leur placement. On peut citer par exemple le prospectus de présentation dit « simplifié » qui détaille notamment les différents « scénarios » possibles (gain, perte ou entre les deux). Nous reparlerons de façon détaillée de ce point au chapitre 5 qui lui est consacré.

3. La signature de nombreux documents de décharge portant essentiellement sur les risques afin de s'assurer que l'épargnant a bien compris tous les enjeux au moment de la souscription. Voilà pourquoi, systématiquement, le client est invité à écrire en toutes lettres qu'il a bien pris conscience de tous les risques inhérents à son placement. L'assureur se protège ainsi de toute poursuite sur la qualité du placement proposé.

4. L'usage d'un vocabulaire spécifique et adapté interdisant officiellement d'utiliser le terme « garanti » quand un placement ne garantit pas aux épargnants la récupération de l'intégralité de leur investissement à l'échéance.

5. L'utilisation de valeurs de référence servant au calcul de la performance du produit (sous-jacent) familières et facilement consultables pour un investisseur particulier.

6. La nécessité que la performance ne soit pas assujettie simultanément à plusieurs classes d'actifs différentes (par exemple une action et un taux d'intérêt) rendant la compréhension trop floue.

7. La détermination d'un barème de complexité des solutions proposées en fonction du nombre de mécanismes financiers utilisés pour définir leur performance. Elles ont donc établi qu'un produit ne devait pas mettre en œuvre plus de trois mécanismes financiers simultanés. L'objectif est que l'investisseur soit capable au moment de sa souscription de calculer de façon simple ses gains ou ses pertes en fonction des conditions de marché. Citons quelques-uns de ces mécanismes dans la liste non exhaustive ci-dessous, dont nous reparlerons dans les prochains chapitres :

- l'algorithme de calcul du sous-jacent ;

- la performance moyennée ;

- l'effet plafond/plancher ;

- la désactivation d'une protection lors d'un franchissement de seuil à la baisse ;

- un effet « mémoire » ;

- un bonus en cas de franchissement d'un seuil à la hausse ;

- une cristallisation de gain ;

- le type du sous-jacent.

Il est intéressant de noter que ce dernier mécanisme (« type de sous-jacent ») n'a fait son apparition dans la liste qu'en 2017 et semble pour le moins assez contestable. En effet, la règle établie attribue désormais un coefficient double à certains sous-jacents et à d'autres un coefficient simple. Dans le même temps, les critères qui établissent si cette pondération du coefficient est simple ou double n'ont pas été définis. Dès lors on peut légitimement se poser la question : pourquoi un sous-jacent serait-il considéré comme représentant un mécanisme alors qu'un autre en représenterait deux ?

8. La définition des champs d'application de la restriction de souscription des produits structurés. À ce titre, sachez qu'il existe en France deux modes de collectes distincts de l'épargne :

- l'appel public à l'épargne qui s'appuie sur l'ouverture du produit au plus grand nombre mais avec le strict respect d'un certain nombre de règles contraignantes. On peut notamment citer la préparation d'un prospectus visé par le régulateur et la diffusion au marché d'informations réglementées sur la société émettrice ;

- le placement privé, qui s'adresse quant à lui à une clientèle sélectionnée pour son degré de maîtrise des produits proposés, présente trois principaux avantages pour les émetteurs :

  – un cadre juridique ne nécessitant pas le respect de ces mêmes règles de transparence,

  – la réalisation de la levée de fonds auprès d'investisseurs ciblés par l'intermédiaire financier,

  – la possibilité d'utiliser une documentation moins standardisée et plus adaptée aux besoins de certaines émissions de taille relativement modeste.

L'AMF et L'ACPR ont donc défini les conditions présentées dans le tableau suivant, en fonction du cadre fiscal et du type de placement.

Type de collecte	Placement privé	Appel public à l'épargne
Assurance vie	Choix laissé à l'assureur d'appliquer le critère des trois mécanismes	Critère obligatoire de trois mécanismes maximum
Compte titre ordinaire	Pas concerné par la restriction	

Si cette volonté de protéger l'épargnant est tout à fait légitime, on voit bien qu'elle vient elle-même rajouter de la complexité juridique à des solutions déjà complexes par nature. On peut aussi se poser la question de pourquoi cette réglementation vient s'appliquer uniquement aux produits structurés et non pas à l'« asset management » dans son ensemble. En effet, peut-on considérer que les stratégies mises en place à l'intérieur d'un fonds « traditionnel » par un gérant pour maximiser les performances de son produit sont plus transparentes que celles mises en œuvre au sein d'un produit structuré ? Probablement pas.

La réaction des acteurs du marché

Sur le fonds, les fabricants et promoteurs de produits structurés se sont adaptés à la nouvelle réglementation. Ils proposent à présent des solutions plus aisées à comprendre en termes de lisibilité. Comme il est désormais interdit de parler de fonds garantis qui ne le sont pas, ils parlent de fonds « protégés » et proposent des placements dont le principe a été très simplifié.

Le cadre général est le suivant : votre objectif de gain est en principe compris entre 6 % et 10 % par an, selon les montages, avec un remboursement du capital si le sous-jacent utilisé est stable ou en légère hausse par rapport au niveau initial quand vous souscrivez. À l'inverse, si celui-ci baisse, vous êtes « collé » avec votre placement qui peut ne rapporter que très tardivement quelque chose (voire rien du tout à son échéance), parfois dix ans, si les conditions ne sont pas réunies. Enfin, selon la formule de calcul et la protection prévue, vous pouvez subir une perte en capital au moment du remboursement si le sous-jacent a baissé à cette échéance, risque extrêmement faible on le verra, mais néanmoins non nul.

Sur la forme, les opérateurs se sont aussi adaptés en ne proposant désormais presque que des produits dans le cadre juridique des EMTN. En effet, même si ces produits sont le plus souvent émis par des grandes banques françaises, ils sont généralement cotés à l'étranger, au Luxembourg notamment, et ne répondent pas forcément totalement à l'ensemble des contraintes légales françaises. Ainsi, pour exemple, le DICI (document d'information clé pour l'investisseur), un document synthétique de présentation des notices techniques avec tout le vocabulaire associé, n'est-il pas nécessaire pour les EMTN alors qu'il l'est pour les Sicav et FCP de droit français.

MÊME S'ILS SONT MIEUX ENCADRÉS, LES LITIGES PERDURENT

Parmi les jugements, il en est un qui a suscité beaucoup plus de remous que les autres dans le monde pourtant feutré des produits structurés. Il portait sur une somme de plus de 400 k€ perdue par un investisseur. En effet, en juin 2016 une cour d'appel avait jugé dans cette affaire qu'un titre de créance, dont le capital n'était pas garanti à maturité et qui ne comportait pas le versement de coupons, ne pouvait être qualifié d'obligations utilisées en tant qu'actifs éligibles à des contrats d'assurance vie libellés en unités de compte. Pour justifier cette position, les juges s'étaient appuyés sur différents articles de lois, notamment L. 131-1 du Code des assurances, interprétant ainsi à leur façon les articles concernés et demandant notamment la suppression pure et simple de l'éligibilité des produits structurés à l'assurance vie. Dans le cas présent, cela signifiait pour l'épargnant plaignant le remboursement de son produit à sa valeur nominale d'émission.

Cette décision a donc été un véritable pavé jeté dans la mare à plusieurs égards. D'une part, parce que l'assurance vie est aujourd'hui le principal vecteur de collecte des sommes investies par les particuliers sur ce type de produits, essentiellement pour des questions fiscales comme nous l'évoquerons dans le chapitre consacré à cet aspect. D'autre part parce que cette décision aurait pu à l'avenir avoir valeur de jurisprudence et s'appliquer à l'ensemble des litiges, ce qu'aucun acteur de la chaîne (banques, assureurs, distributeurs) ne souhaitait.

Aussi, de leur côté, tous ces acteurs de la chaîne ont-ils été très surpris de cette décision pour plusieurs raisons. Tout d'abord, pour eux, aucun texte légal ne conditionnait la qualification juridique d'obligation à la garantie du capital ou au versement de coupons ; la doctrine juridique et la jurisprudence ayant solidement établi que l'indexation d'une obligation pouvait concerner tant le capital que les intérêts. Par ailleurs, ils ont également indiqué qu'en dehors du domaine de l'assurance vie, il existait sur le marché de nombreux exemples d'obligations qui, dans un contexte actuel de rendements faibles ou compte tenu de modalités spécifiques, étaient potentiellement remboursables en dessous de leur valeur d'émission. On peut notamment citer en exemple les obligations remboursables ou convertibles en actions, ou même les obligations dites « catastrophes », émises par les réassureurs et dont le montant à rembourser dépend d'un degré de sinistralité.

Cette décision les a donc laissés perplexes quant à son fondement juridique, qui paraissait difficilement explicable et semblait isolé tant il différait de la jurisprudence contemporaine en cette matière.

Pour aller plus loin et justifier leurs propres positions, les banques, assureurs, distributeurs ont mandaté la Fédération française de l'assurance

(FFA) et la Fédération bancaire française (FBF) pour commander des consultations juridiques portant d'une part sur la notion d'obligation et les produits qui peuvent en être qualifiés, et de l'autre sur l'éligibilité de ces produits aux contrats d'assurance vie libellés en unités de compte.

Finalement, en novembre 2017, après que l'affaire eut été portée auprès de la Cour de cassation, un nouveau jugement cette fois rendu définitif est venu casser le jugement obtenu par le plaignant en cour d'appel.

La Cour de cassation s'est rangée du côté de l'interprétation des assureurs. Elle a donc jugé que pour être qualifié d'obligation le produit structuré ne devait pas obligatoirement être garanti en capital et que dans le jugement antérieur la cour d'appel avait rajouté une condition d'éligibilité qui n'existait pas dans la loi.

Cet arrêt était en effet très attendu par le monde de la finance pour lequel les produits structurés représentent un enjeu de taille, puisqu'à fin 2017 les montants sous gestion étaient évalués par la profession à quelque 45 milliards d'euros. Dans l'immédiat, tous les acteurs de la chaîne ont été rassurés et ont donc pu continuer à commercialiser leurs solutions.

EN 2018, ENCORE DAVANTAGE DE RÉGLEMENTATIONS

Au-delà des organismes de régulation français que sont l'AMF et l'ACPR, de nouvelles réglementations contraignantes ont été mises en place depuis janvier 2018 sous l'impulsion de l'organisme European Securities & Market Authority (ESMA).

Si elles ne changent rien sur le fond des produits, elles imposent le renforcement de mesures protectrices à destination des investisseurs particuliers au niveau de la chaîne de distribution. Ces exigences se sont traduites par la réalisation de deux documents de référence :

- le *Packaged Retail and Insurance-based Investment Products* (PRIIPS), portant sur :

- la réalisation d'une fiche d'information encore davantage standardisée (*Key Investor Information Document*) dont l'émetteur et le distributeur se partagent la responsabilité de la production et de la distribution,

- la mise en place d'un indicateur de risque incluant le risque de marché, ainsi que le risque de crédit,

- une simulation de la performance attendue,

- une transparence accrue des frais et coûts associés aux produits ;

- le *Markets in Financial Instruments Directive 2* (MIFID2), portant sur :

- de nouvelles exigences en termes de gouvernance produit applicables tant aux producteurs qu'aux distributeurs mais dont les contours exacts restent relativement flous,

- la distinction entre deux types de conseillers, les « indépendants » et les « non-indépendants », dont les modalités de rémunérations sont distinctes. Concrètement, les « indépendants » ne sont désormais plus rémunérés qu'en honoraires qu'ils peuvent facturer à leurs clients et non plus en commissions ou rétrocessions versées par les banques émettrices. Les « non-indépendants » de leur côté peuvent continuer à fonctionner avec l'ancien système mais sont désormais apparentés à des courtiers.

Du point de vue du client, ces nouvelles réglementations ont trois conséquences :

- davantage de transparence dans la nature des frais facturés puisque ceux-ci devront être clairement mentionnés dès la souscription du produit, qu'ils soient prélevés au moment de l'entrée ou pendant toute sa durée de vie ;

- un renforcement de la responsabilité du conseiller en investissement financier en cas de contentieux ;

- le risque que l'offre produit proposée par un CGP non indépendant devienne plus étroite car rattachée à un seul établissement émetteur.

3

Le **poids des produits structurés dans le monde de l'épargne**

Le grand public ne le sait évidemment pas mais les produits structurés représentent non seulement un poids économique important mais fédèrent aussi autour d'eux tout un ensemble d'acteurs tels que les assureurs, les banques, les conseillers indépendants. Ces deux facteurs justifient à eux seuls de les considérer comme des solutions d'épargne à part entière. L'objectif de ce chapitre est de vous montrer que les produits structurés représentent une part croissante de l'activité placement des acteurs de la finance.

COMPARATIF AVEC D'AUTRES SOLUTIONS BASÉES SUR DES UNITÉS DE COMPTE

Pour vous permettre de mieux appréhender les solutions structurées au sein de la gamme des produits financiers existants, nous vous proposons de prendre connaissance du tableau suivant qui caractérise chaque produit selon cinq points clés. Il s'agit de comparer les produits structurés à trois autres solutions financières fonctionnant en unités de compte et basées elles aussi sur les marchés actions. Nous rentrerons plus dans le détail des caractéristiques intrinsèques des produits structurés dans le chapitre suivant. Il s'agit dans cette première approche de comprendre les différences fondamentales avec les autres solutions.

	Actions	Fonds classiques	Produits dérivés	Produits structurés
Gains	Non plafonnés mais incertains. Uniquement à la hausse de l'action et distribution des dividendes.	Non plafonnés mais souvent lents et incertains car dilués par le nombre de titres.	Non plafonnés. En cas de hausse ou de baisse du sous-jacent en fonction du produit.	Plafonnés mais significatifs (entre 6 % et 10 % annuels) et possibles sans hausse importante du sous-jacent.
Gestion	Active. Savoir acheter et vendre au bon moment. Prendre le temps pour suivre et comprendre l'actualité des marchés.		Très active. Suivi à minima à la journée.	Passive. Aucune contrainte de suivi des marchés. Constatation à dates fixes des critères de remboursement ou de gain.

	Actions	Fonds classiques	Produits dérivés	Produits structurés
Protection	Aucune.	Aucune.	Aucune.	Protection entre 20 % et 100 % jusqu'au terme de la solution.
Durée de détention	Pas de limite. Le souscripteur peut garder sa position et encaisser les dividendes en attendant la remontée des cours après une baisse.	Pas de limite.	Très courte.	Jusqu'à 10 ans au maximum mais remboursement anticipé le plus souvent au cours des deux premières années.
Dividendes	Oui, en fonction des titres.	En fonction du fonds.	Non.	Non. Les dividendes sont déjà pris en compte dans la structuration du produit.

Comme vous pouvez le constater, rien que sur les cinq critères présentés ici, il existe des différences majeures entre ces produits financiers. Le point clé à retenir de ce tableau réside dans le fait que les produits structurés ne représentent pas la meilleure opportunité de gain si l'on raisonne uniquement dans l'absolu.

Toutefois, si l'on introduit un paramètre complémentaire, à savoir le risque, on s'aperçoit très rapidement qu'ils représentent la solution la plus équilibrée sur le couple risque/rendement. C'est bien là leur positionnement et toute la justification de leur existence.

Le graphique suivant vous propose une vision encore plus large de ce positionnement, intégrant justement cette notion de couple risque/rendement.

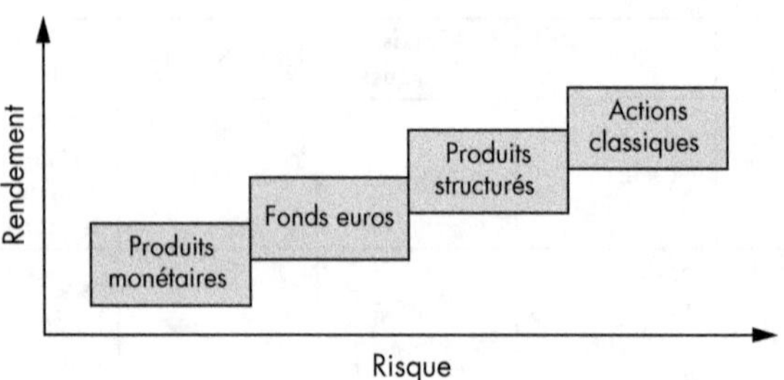

Figure 2 – Le couple rendement/risque

Il ne s'agit pas de considérer les produits structurés comme des solutions offrant le meilleur rendement mais de les envisager davantage comme un outil permettant d'améliorer l'allocation stratégique de votre portefeuille.

Ainsi avec l'utilisation de produits structurés vous allez :

- augmenter votre exposition aux actifs risqués sans augmenter le risque de votre portefeuille ;
- incorporer de nouvelles classes d'actifs faiblement corrélées à celles que vous détenez déjà ;
- approfondir votre diversification géographique et sectorielle.

Vous pourrez également utiliser les produits structurés en vue de réaliser des arbitrages tactiques sur le court terme, par exemple miser sur une tendance de marché ou sur un événement dont vous souhaitez tirer avantage.

Une classe d'actifs à part entière

Du côté des fournisseurs de solutions d'investissement tout est mis en œuvre pour permettre aux produits structurés d'occuper la place qu'ils méritent et d'être reconnus comme une véritable classe d'actifs.

Ainsi depuis ces dernières années le poids représenté par les produits structurés ne cesse d'augmenter car leur croissance est régulière et plus rapide que beaucoup d'autres solutions. Le lancement de nouveaux produits pour l'année 2017 a atteint un nouveau record à 14,2 milliards d'euros, en hausse de 21 % par rapport à l'année précédente. La collecte nette qui représente le différentiel entre les nouvelles souscriptions et le réinvestissement des capitaux remboursés des précédents produits sur la même période a quant à elle été de l'ordre de 8 milliards d'euros. L'encours géré à date est supérieur à 40 milliards d'euros. Les deux graphiques suivants vous permettent de comparer le poids des produits structurés par rapport à celui d'autres placements plus communs. Le premier concerne les encours et le second la collecte sur une période.

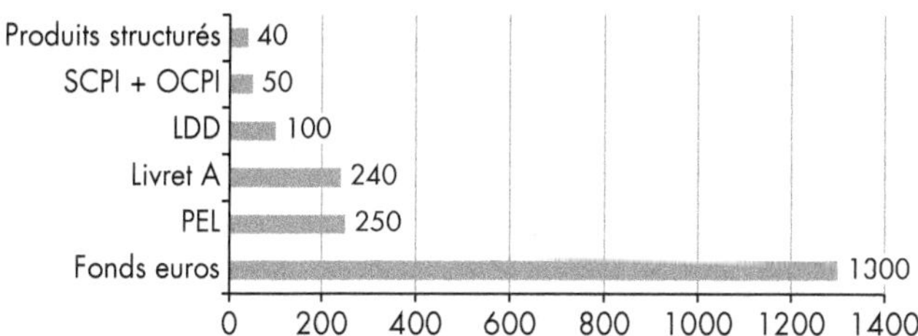

Figure 3 – Poids des encours par type de supports
en milliards d'euros à fin 2016

Si les encours en fonds euros dominent toujours l'ensemble des autres supports, il est intéressant de noter que les produits structurés représentent 2 % du poids économique total des produits représentés ici. Ce niveau, s'il peut sembler faible, les place à un niveau relativement proche de celui des SCPI et OPCI. Pourtant, compte tenu de la médiatisation bien plus importante que celle des produits structurés dont ils bénéficient, on aurait pu imaginer qu'ils constituent une classe d'actifs bien supérieure.

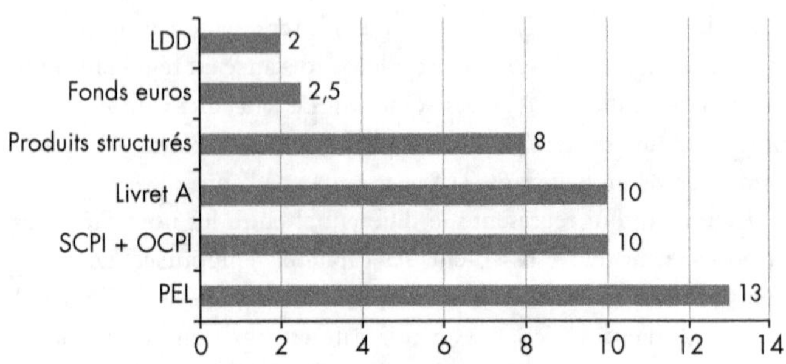

Figure 4 – Poids de la collecte nette par type
de supports en milliards d'euros à fin 2017

Le plus remarquable dans ce deuxième graphique est que si l'on raisonne cette fois en termes de collecte on remarque que les produits structurés représentent 18 % du montant total des sommes mentionnées ici. Cela représente pratiquement le double des LDD et fonds euros cumulés et dans le même ordre de grandeur que le livret A. Devant un tel constat on ne peut que se rendre à l'évidence. Sans aucun doute, les produits structurés représentent un support de plus en plus apprécié et apparaît vraisemblablement comme un placement d'avenir.

Ces chiffres traduisent clairement un changement de tendance chez les épargnants et on peut légitimement s'interroger sur les raisons qui en font un produit tant souscrit. On peut probablement, pour expliquer ce phénomène, citer deux de ses principales caractéristiques qui en font un produit répondant parfaitement aux questions actuelles des épargnants : comment limiter le risque et obtenir un rendement acceptable dans un environnement plus que jamais très incertain ?

Les produits structurés présentent l'avantage de reposer sur des engagements contractuels de rémunération de la part de la banque émettrice. C'est aussi elle qui est garante de la formule de remboursement puisqu'elle représente la contrepartie unique à l'échéance du produit.

Dès le départ, toutes les modalités de rémunération sont fixées ainsi que l'ensemble des risques qui sont parfaitement identifiés. Ces produits affichent donc une parfaite lisibilité. Une fois que vous avez investi, il n'y a plus besoin de suivre le marché au jour le jour. Tout se fait de façon entièrement automatique. C'est une vraie différence avec les autres classes d'actifs dont la performance espérée repose généralement entre les mains de quelques gérants et n'est le plus souvent pas maîtrisée.

S'ils sont adaptés à un grand nombre d'épargnants théoriques, investir dans ces produits ne doit pas être pris à la légère. Il est nécessaire de respecter quelques règles simples mais importantes que nous vous rappelons ici.

Si les produits structurés peuvent sembler complexes à comprendre, ils reposent en réalité toujours sur les mêmes points clés qu'il convient d'étudier avec attention avant d'investir. Aussi, commencez en premier lieu par prendre le temps nécessaire pour comprendre leur mécanisme de fonctionnement. Ensuite, penchez-vous sur les caractéristiques spécifiques de chacun des produits qui vous sont proposés dans un cadre plus conjoncturel.

Pour nous résumer, le succès repose donc d'abord sur l'adoption de bons réflexes d'analyse et de compréhension de l'offre mais aussi sur votre capacité à intégrer la solution proposée dans un contexte de marché. Cela revient tout simplement à estimer que le point d'entrée proposé, c'est-à-dire la valeur de référence du sous-jacent au moment où vous décidez d'investir sur la solution, est satisfaisant compte tenu des circonstances.

Le dernier facteur important pour réussir avec les produits structurés sera votre capacité à saisir les bonnes opportunités quand elles se présenteront à vous. Il y en a en permanence, près de quarante nouvelles offres lancées chaque mois sur les différents canaux de distribution, et le montant moyen de collecte unitaire est de l'ordre de 30 millions d'euros, ce qui est en principe suffisant pour permettre à qui le souhaite de pouvoir se positionner. Il est donc essentiel de vous tenir informé des différentes offres proposées par le marché.

Pour vous rassurer, sachez que c'est bien entendu le travail des banques de construire le produit structuré adapté au contexte de marché afin que vous puissiez gagner de l'argent le plus rapidement possible. Ainsi, il sera rare de rencontrer sur le marché des solutions peu pertinentes, c'est-à-dire dont les chances de gain sont faibles et les risques élevés. La banque n'a aucun intérêt à vous proposer ce type de solutions, sinon elle perdrait très vite tous ses clients.

Cependant, si vous avez pris le temps de lire ce livre, c'est que vous êtes suffisamment mature pour savoir que les marchés boursiers peuvent en permanence se retourner suite à un événement non anticipé et souvent de façon rapide. Ainsi, si le produit est construit pour donner un résultat favorable dans des temps courts puisque 50 % des produits sont remboursés en moins de deux ans, ce temps peut s'avérer beaucoup plus long pour d'autres. Quoi qu'il en soit, soyez conscient que la durée de vie du produit est déterminée pour que celui-ci puisse absorber la volatilité des cours du sous-jacent sur des périodes relativement longues et délivrer malgré tout un résultat favorable à son échéance.

LES ACTEURS DE L'ÉCOSYSTÈME

Comme dans tous les domaines, il existe dans cet univers plusieurs « corps de métier » si l'on peut les qualifier ainsi. Regardons qui sont ces différents intervenants dans la chaîne de valeur et comment ils se répartissent les rôles.

Les banques

Elles ont la responsabilité d'élaborer les produits structurés. Elles jouent également le rôle de contrepartie de tous les ordres d'achats et de ventes sur le produit jusqu'à sa date d'échéance finale. Or, les banques ont généralement de multiples activités. Elles peuvent donc aussi être amenées à intervenir à d'autres niveaux de cette chaîne.

On peut ainsi lister différents niveaux d'intervention :

* elles sont émettrices des solutions proposées par l'intermédiaire d'une filiale dédiée à cette activité ;

* elles sont garantes de la solidité financière de leur filiale émettrice en tant que maison mère ;

* elles commercialisent leurs solutions par le biais de canaux de vente distincts :

– un canal direct au travers de leur propre réseau traditionnel d'agences bancaires ou de leur filiale dédiée à la gestion privée. Il s'agit d'établissements qui gèrent les actifs des clients les plus fortunés et donc les plus à même d'être intéressés par ces solutions relativement spécifiques,

– un canal indirect *via* des filiales dédiées qui ont pour responsabilité de distribuer les produits émis auprès des CGP dont nous reparlons un peu plus loin.

Le tableau suivant dresse une liste quasi exhaustive des émetteurs français de produits structurés pour l'année 2017. Il s'agit de leur part de marché par rapport au nombre d'émissions réalisées et par rapport au montant global des collectes sur cette période.

Nom émetteur	Part de marché volume	Part de marché valeur
Société Générale	33 %	22 %
Natixis	23 %	24 %
BNP Paribas	20 %	10 %
Amundi	10 %	32 %
Arkea	2 %	3 %
CIC	2 %	4 %
Crédit Agricole	2 %	2 %
Morgan Stanley	3 %	1 %
Golman Sachs	3 %	0 %
Autres émetteurs	2 %	2 %

On remarque que les parts de marché en volume et en valeur sont légèrement différentes pour certains établissements. C'est notamment le cas pour Amundi qui travaille essentiellement pour les institutionnels et qui représente seulement 10 % du volume mais 32 % de la valeur. Amundi est donc essentiellement positionnée sur les très grosses émissions.

Les CGP (conseillers en gestion de patrimoine)

Ils sont de l'ordre de 3 500 en France et représentent environ 130 milliards d'actifs sous gestion pour 12 milliards environ de collecte nette annuelle. Bien que la moyenne d'actifs sous gestion soit de l'ordre de 40 millions d'euros, leurs tailles sont très variables d'une structure à une autre. Chacun dispose de son propre positionnement en fonction de la carrière d'origine de ses dirigeants, de son type de clientèle et de sa zone de chalandise.

En tant que sociétés indépendantes, elles travaillent en mode partenarial avec différentes banques émettrices et autres fournisseurs de solutions d'investissement qui les rémunèrent pour leur action. Les CGP gèrent environ 1,3 million de clients qui ont pour caractéristiques communes d'être à la fois très exigeants en termes de suivi et de disposer d'un fort pouvoir d'investissement. Les CGP ont pour vocation de sélectionner les produits qui leur semblent être les plus pertinents et de les recommander auprès de leur clientèle en fonction leur profil. En tant que distributeurs de produits ils ne vont à aucun moment détenir vos fonds. D'ailleurs, lorsque vous souscrivez vos produits vous établissez toujours vos chèques à l'ordre de l'assureur ou de l'établissement bancaire.

Les assureurs

Ils détiennent pour votre compte les fonds que vous avez investis sur les différentes solutions souscrites. Ils servent en quelque sorte de tiers de confiance entre le distributeur et l'émetteur de la solution. On peut les considérer comme des dépositaires de solutions chez qui sont stockés vos titres et vos fonds. À ce titre, ils décident s'ils acceptent ou non d'intégrer au sein de leur contrat les produits disponibles sur le marché. Ainsi, s'ils estiment qu'une solution n'offre pas de garantie suffisante, soit par sa nature soit de par l'établissement émetteur, ils sont parfaitement libres de ne pas accepter d'intégrer une solution au sein de leur portefeuille. En réalité, chaque assureur travaille avec ses propres partenaires bancaires et distributeurs CGP.

Certains assureurs sont parfois eux-mêmes filiales de groupes bancaires. Pour cette raison, vous ne pourrez jamais souscrire n'importe quel produit auprès de n'importe quel CGP, ni héberger au sein de n'importe quel contrat un produit issu d'un tiers. En un mot cela signifie que si une solution disponible sur le marché n'est pas disponible chez votre prestataire cela ne traduit pas forcément que le produit est dangereux ou de mauvaise qualité mais simplement que l'un des acteurs de votre chaîne à vous ne travaille pas avec l'émetteur de la solution.

Comme vous pouvez le constater à l'aide du tableau suivant, un peu comme le marché bancaire, celui des assureurs est assez concentré puisque seize groupes représentent environ 95 % des avoirs détenus au sein des contrats d'assurance vie.

Nom émetteur	Part de marché estimée en valeur des avoirs détenus
CNP	20 %
Crédit Agricole	16 %
Crédit Mutuel	10 %
BNP Paribas	8 %
Axa France	8 %
Société Générale	4 %
Generali France	6 %
Aviva France	5 %
Allianz France	5 %
AG2R La Mondiale	4 %
Groupama	3 %
Covea	3 %
BPCE	3 %
MACSF	1 %
HSBC	1 %
MACIF	1 %

DE L'ÉLABORATION À LA COMMERCIALISATION DU PRODUIT

Tous les mois, en fonction de l'actualité financière du moment (sur des titres, des classes d'actifs, des zones géographiques ou des indices), de nouvelles opportunités apparaissent sur le marché. Toutes ces situations sont autant d'occasions pour les intermédiaires financiers de lancer de nouvelles offres de produits structurés.

Ce sont en principe les filiales de grandes banques qui sont le plus souvent à l'initiative des nouveaux produits émis sur le marché. Les plus grosses émissions issues des grands réseaux bancaires dépassent régulièrement les 200 millions d'euros.

Avant de procéder à ces émissions, elles vont définir un certain nombre de paramètres techniques dont nous reparlerons dans le chapitre suivant. On peut notamment citer : l'horizon de placement, le choix du sous-jacent, le niveau de déclenchement, le niveau de protection afin de tendre vers le meilleur couple rémunération/risque possible.

Si pendant longtemps le rôle des CGP n'était réduit qu'à celui de distributeur de solutions bancaires, à présent celui-ci tend à évoluer. En effet, certains d'entre eux ont désormais atteint des tailles respectables tant par leur nombre de clients que par les avoirs gérés. Aussi, disposant à la fois d'un actif important et d'un très bon niveau de confiance avec leurs clients, ils peuvent compter sur une réserve importante de collecte additionnelle.

Ainsi, ces dernières années certains ont-ils eu l'idée de lancer leurs propres solutions et de les commercialiser en exclusivité. S'ils n'ont techniquement pas le droit de concevoir ces solutions structurées, rien ne les empêche de mandater une banque émettrice pour le faire en leur propre nom.

Les émetteurs ont rapidement compris cette évolution du marché et n'hésitent pas aujourd'hui à offrir leurs services de sous-traitance aux CGP souhaitant lancer leurs propres solutions. Ainsi, là où dans le passé certains d'entre eux demandaient une garantie d'enveloppe de collecte de l'ordre de plusieurs dizaines de millions d'euros pour concevoir des solutions sur-mesure, ce n'est aujourd'hui plus le cas. Face à une concurrence qui s'est raffermie, certains concepteurs de solutions, parfois de nationalité étrangère, acceptent désormais de créer des produits exclusifs sans minimum d'enveloppe, pour gagner des parts de marché.

Et pour aider les CGP qui sont trop petits pour lancer leurs propres solutions, certaines sociétés spécialisées comme Equitim, I-Kapital, Irbis Finances ou encore Nortia par exemple ont fait leur apparition. Leur métier est uniquement axé sur la structuration de produits en se positionnant comme des intermédiaires « structureurs indépendants multicartes » qui interviennent entre les émetteurs bancaires, les assureurs et les petits « CGP ».

Le graphique suivant vous montre comment se répartissent les parts de marché des différents canaux de distribution de produits structurés en volume par rapport au nombre de solutions lancées et en valeur par rapport aux montants associés.

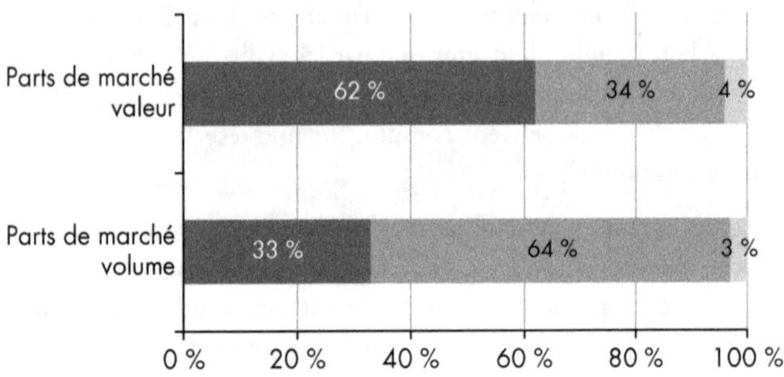

Figure 5 – Le poids des acteurs dans la collecte

Le canal bancaire exclusif représente environ deux tiers de la valeur pour un tiers du volume. Cela s'explique par le fait que les réseaux bancaires commercialisent davantage de produits très standardisés à destination d'une large clientèle avec des montants d'émissions importants. Au contraire, le réseau des CGP qui intervient sur une clientèle plus spécifique nécessite une gamme de produits plus large mais avec des montants unitaires d'émissions plus limités.

Le schéma suivant vous montre comment se déroule concrètement le lancement de solutions suivant les trois différents modes possibles. Tout commence par la détection d'une opportunité sur le marché par l'un des trois acteurs.

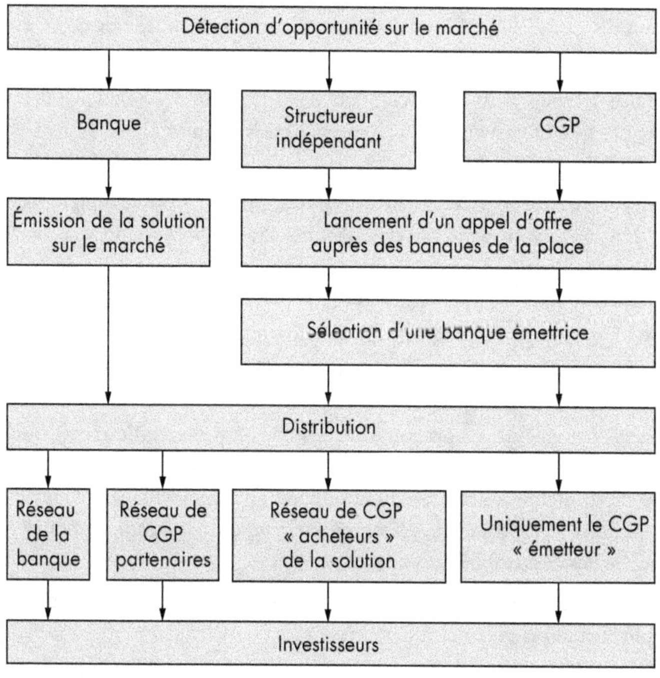

Figure 6 – Le process de création de la solution

Dans le cas où ce n'est pas l'émetteur qui est à l'origine de la détection de l'opportunité sur le marché, c'est le CGP ou le structureur indépendant qui établit son cahier des charges.

Une fois que celui-ci est réalisé, il va être transmis aux principales banques susceptibles de répondre à cette demande selon le principe d'un appel d'offre. Chacune va proposer sa meilleure solution en fonction des paramètres souhaités. Celle qui sera retenue deviendra alors l'émettrice du placement envisagé. En contrepartie, le CGP ou le structureur indépendant s'engage à promouvoir cette solution auprès de sa clientèle selon un niveau de commercialisation qui est défini au cas par cas.

Pour le reste, tous les documents habituels seront rédigés selon les règles que nous avons déjà évoquées dans le chapitre 2.

La période de souscription peut alors commencer. En principe, elle ne dépasse pas les 60 jours et dans tous les cas, la date de constatation initiale (dont nous vous parlerons de façon détaillée dans le chapitre suivant) est calée dès l'origine et servira de référence à la valorisation du produit. Elle sera toujours postérieure à la période de commercialisation.

En effet, le produit est construit par rapport à des conditions de marché conjoncturelles qui peuvent évoluer très rapidement et ne peuvent être garanties par la banque émettrice au-delà d'un certain délai. Par ailleurs, la commercialisation peut s'arrêter à n'importe quel moment dès lors que l'enveloppe prévue est commercialisée dans sa totalité, même avant la fin du délai prévu. Néanmoins, il arrive qu'en cas de très grand succès rencontré par le produit, la banque émettrice ait prévu la possibilité d'une sur-allocation.

La commercialisation de produits structurés présente donc de multiples avantages pour les distributeurs :

- faire profiter leurs clients de réelles opportunités de marché ;
- garder un contact avec leurs clients et les informer de leur actualité même si les clients ne prennent pas le produit en question ;

- communiquer une image dynamique par le côté innovant des solutions proposées ;
- disposer de produits d'appel qui sont autant de prétextes pour vendre d'autres solutions qui peuvent ne rien avoir en commun avec les produits structurés ;
- fidéliser leurs clients puisque ceux-ci sont à minima engagés sur la durée de vie du produit, voire davantage s'ils ont investi au travers d'un contrat en assurance vie.

Le tableau suivant vous indique de façon non exhaustive les quelques points de différence entre les produits émis à l'initiative d'un CGP ou directement par une banque.

	Avantages	Inconvénients
Lancé à l'initiative d'un CGPI	Solution exclusive et différenciante *versus* la concurrence. Plus rémunérateur pour le CGPI. Produit sur-mesure adapté aux exigences spécifiques de sa clientèle.	Uniquement éligible au contrat détenu chez le CGP.
Lancé à l'initiative d'un structureur	Solution performante proposée par un spécialiste de la structuration.	Uniquement disponible chez les CGPI partenaires et acheteurs de la solution.
Lancé à l'initiative d'une banque	Gros volume de collecte, donc l'offre peut être plus séduisante (mieux « pricée »). Offre de solutions structurées généralement plus large. Éligible à un nombre plus important de contrats d'assurance vie sur le marché.	Les frais d'entrée peuvent être élevés et le produit moins dynamique que son équivalent pur CGP.

4

Les **composants structurels** d'un produit structuré

Les produits structurés sont toujours construits autour d'un certain nombre d'éléments techniques qui permettent de les définir et de les caractériser. Toutefois si ces paramètres constitutifs sont toujours communs, on peut construire une infinité de combinaisons possibles lors du lancement d'un produit structuré. Cela rend d'autant plus importante la bonne maîtrise de chacun de ces composants avant de se lancer dans le moindre investissement. Nous vous recommandons d'être particulièrement attentif à la lecture de ce chapitre et de vous assurer que vous avez bien intégré l'ensemble de ces paramètres avant de passer au suivant.

La tulipe ci-dessous vous présente les six éléments clés qui seront détaillés par la suite.

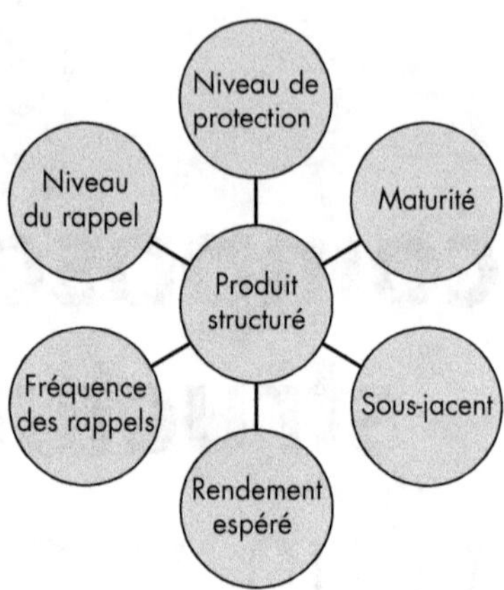

Figure 7 – Les principaux paramètres

LE SOUS-JACENT

Le sous-jacent est le composant le plus important du produit structuré. S'agissant d'un élément constitutif majeur, nous allons donc prendre le temps de rentrer dans le détail de ses caractéristiques. Nous insistons tout particulièrement sur cet élément car c'est lui qui va en grande partie constituer le moteur de la performance future du produit structuré sur lequel vous aurez investi.

Vous l'avez compris, la valeur d'un produit structuré dépend directement de celle d'une ou plusieurs variables de référence (appelées donc « sous-jacent ») qui peuvent être extrêmement variées.

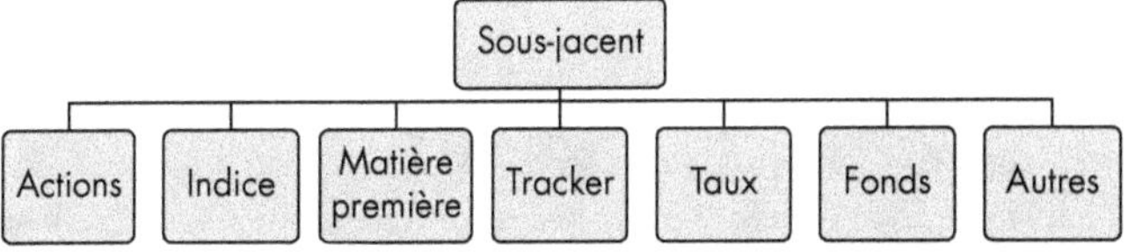

Figure 8 – Les principaux sous-jacents

Les exemples ci-dessus ne sont pas exhaustifs et en théorie il existe une infinité de sous-jacents possibles. Notons toutefois que ces dernières années, avec le renforcement de la réglementation, certaines restrictions ont fait leur apparition. Les sous-jacents un peu trop exotiques comme les matières premières sont désormais proscrits en France. Nous vous proposons de rentrer davantage dans le détail avec la présentation des quatre principales familles de sous-jacents que vous pourrez rencontrer sur le marché.

Une valeur (par exemple une action)

Il s'agit du cas le plus simple puisqu'il s'agit de la valeur d'un titre coté. Celui-ci peut être théoriquement issu de n'importe quel marché boursier mondial. Toutefois, en France, pour des questions de coût, de maîtrise de la donnée et de suivi du support et surtout de compréhension de la part de l'épargnant, il s'agit généralement de valeurs françaises et un peu plus rarement européennes. Il convient bien entendu de se renseigner avant d'investir sur un produit structuré ayant pour sous-jacent une seule valeur de référence. En cas de volatilité élevée du prix de cette valeur les impacts peuvent être considérables sur le produit structuré. En contrepartie de ce risque important, les produits structurés mono-valeur sont le plus souvent ceux qui promettent et offrent les performances les plus importantes.

Un panier de valeurs

C'est le même principe que celui évoqué précédemment mais avec cette fois plusieurs valeurs considérées et non pas une seule. Théoriquement, il peut y avoir autant de valeurs que souhaité mais dans les faits, le plus souvent il n'y en a pas plus de trois pour pouvoir conserver une lisibilité suffisante. De plus, quand il s'agit de plusieurs valeurs, elles sont en principes issues d'un même secteur d'activité ou d'une thématique commune, comme par exemple : la distribution, l'énergie, les banques, les nouvelles technologies. Il s'agit pour l'investisseur de se positionner par rapport à la conviction que le secteur sélectionné va connaître une hausse dans les prochains mois qui impactera favorablement les valeurs constitutives du produit structuré. Chaque secteur d'activité dispose de ses propres leviers, c'est-à-dire qu'il est sensible à un certain type d'événements. Voici quelques exemples de secteurs d'activité ainsi que ce à quoi ils sont sensibles.

Secteur d'activité	Sensibilité
Automobile, alimentaire, distribution	Pouvoir d'achat, hausse de la consommation
Banque, assurance	Taux d'intérêt, niveau des marchés boursiers
Défense, aéronautique	Conflits mondiaux, commande de l'État
Immobilier	Taux d'intérêt, fiscalité immobilière
Laboratoires pharmaceutiques	Nouveaux médicaments ou nouvelles molécules
Industrie du luxe	Taux de change (dollar et yen), conjoncture économique
Mines, métaux, pétrole, gaz	Cours du dollar et des matières premières concernées

Si vous investissez sur un produit structuré dont le sous-jacent est le regroupement de plusieurs valeurs autour d'un secteur d'activité, vous devez donc commencer par vous interroger sur ses facteurs de sensibilité. Cette approche contribuera nettement à vous conforter dans la pertinence de votre choix. La règle est simple : lorsqu'il n'y a aucun levier, que ce soit sur les valeurs sélectionnées ou sur le marché de référence auquel elles appartiennent, il n'y a pas de hausse possible.

Ceci étant dit, investir sur un sous-jacent secteur d'activité représente *a priori* un risque moins fort qu'investir sur un sous-jacent composé d'une valeur unique puisque le risque est réparti sur l'ensemble des différentes valeurs. Attention : quand un produit structuré est proposé sur la base d'un panier de valeurs, vérifiez bien la règle qui sera appliquée pour évaluer la performance du produit et donc son remboursement. En effet, de nombreux cas sont possibles et la sémantique des mots est particulièrement importante.

Pour illustrer notre propos, voici un exemple : un produit est proposé sur la base du sous-jacent de trois actions à la date de démarrage de la solution avec un objectif de 110 % :

- prix de l'action 1 : 50 € ;

- prix de l'action 2 : 80 € ;

- prix de l'action 3 : 100 €.

En fonction de la façon dont aura été libellée la condition de réalisation de la performance du produit, les résultats pourront être extrêmement différents. Voici trois scénarios possibles.

- *Cas 1, le plus difficile :* le produit sera remboursé si la moins performante des valeurs de référence a dépassé son objectif. Il faut comprendre : « toutes les actions composant le sous-jacent doivent avoir enregistré 10 % de gain minimum » par rapport à leur cours initial pour que le produit soit remboursé.

- *Cas 2, moyen :* le produit sera remboursé si la moyenne des trois valeurs a dépassé son objectif. Il faut comprendre : « la moyenne doit au moins être à (50 € + 80 € + 100 €) × 110 %, soit 84,33 €, mais une action peut avoir décroché si une ou deux ont compensé ».

- *Cas 3, le plus facile :* le produit sera remboursé si une des trois valeurs a dépassé son objectif. Il faut comprendre : « il suffit qu'une seule des actions ait grimpé de 10 % pour que la condition soit réalisée ». Autant vous dire que la formulation a très peu de chances d'être écrite de cette façon-là.

Entre ces trois différents cas, tous les autres scénarios sont également possibles. Un bon conseil donc : prenez le temps de bien comprendre la formulation, en particulier pour les sous-jacents multi-valeurs.

Un indice

Un indice est un ensemble de valeurs cotées qui sont toutes mises ensemble pour établir une valeur de référence selon certaines règles spécifiques à chaque indice. Il existe sur chaque marché boursier un très grand nombre d'indices de référence qui répondent à des règles très strictes.

Régulièrement, de nouveaux indices apparaissent et servent de support pour établir la valeur de référence sur laquelle vont s'appuyer les produits structurés. Ces indices ont une valeur de référence établie chaque jour de la même façon que sur les titres qui les composent. Cette valeur est disponible sur Internet sur les différents sites spécialisés tels que www.boursorama.com. Il convient simplement de connaître leur code, toujours mentionné sur la plaquette de présentation du produit structuré. Certains indices étant assez complexes à comprendre dans leur construction, il convient comme pour les actions de parfaitement appréhender leur composante avant d'investir sur des produits les utilisant comme support.

Pour votre réflexion, gardez à l'esprit ce principe : une grande société cotée a pour vocation de créer chaque année une richesse croissante. Cette valeur se traduit par le bénéfice réalisé. Celui-ci est en partie distribué aux actionnaires sous forme de dividendes et en partie mis en réserve pour prévoir des investissements futurs ou faire face à des conjonctures plus difficiles certaines années. Une société correctement gérée et sans événements de marché particulier doit donc en principe voir ses actions croître mécaniquement dans la durée, ne serait-ce que pour prendre en compte cette part des bénéfices qui reste dans sa caisse chaque année. Ainsi, sur un horizon long terme de dix ans, il est assez cohérent d'anticiper qu'un indice composé de valeurs diversifiées a une forte probabilité de croître.

La majorité des produits structurés lancés sur le marché français a pour sous-jacent un indice de référence car il permet de limiter la volatilité et de maximiser la probabilité de gain à l'issue de la période d'investissement. Les produits généralement proposés reposent le plus souvent sur l'hypothèse de la stabilité d'un indice ou d'une légère progression à la hausse sur la période de souscription.

Il est entendu que du fait du nombre important de sociétés et de secteurs d'activité qui le composent, les accidents de parcours et le risque sont donc très dilués. En contrepartie la performance attendue est généralement moindre que sur les sous-jacents mono-valeur ou paniers d'actions présentés précédemment.

Jusqu'à il n'y a pas si longtemps, les trois principaux indices boursiers utilisés comme sous-jacents des produits structurés en France étaient les suivants.

Le CAC 40 (code CAC)

Créé en 1987, l'indice CAC 40 (dividendes non réinvestis) est composé des quarante principales sociétés françaises, sélectionnées sur la base de leur capitalisation boursière et du nombre de titres disponibles sur le marché. Il respecte une pondération sectorielle qui reflète de manière fidèle la structure économique de la France et s'est imposé comme la référence pour évaluer la santé du marché des actions françaises.

L'Euro Stoxx 50 (code SX5E)

Créé en 1998, l'indice Euro Stoxx 50 (dividendes non réinvestis) est composé des cinquante principales sociétés de la zone euro, sélectionnées sur la base de leur capitalisation boursière et du nombre de titres disponibles sur le marché. Il respecte une pondération géographique et sectorielle qui reflète de manière fidèle la structure économique de la zone euro et s'est imposé comme la référence des marchés actions européens. En 2017, il a été le sous-jacent de référence le plus utilisé sur le marché français pour les produits structurés en étant la référence de 39 % d'entre eux.

L'Euro Stoxx 30 (code SD3E)

Créé en avril 2005, l'indice Euro Stoxx Select Dividend (dividendes non réinvestis) est constitué des trente sociétés affichant les rendements les plus élevés parmi les entreprises composant l'indice Euro Stoxx. Cet indice est composé de sociétés parmi les douze principaux pays de la zone euro que sont l'Allemagne, l'Autriche, la Belgique, l'Espagne, la Finlande, la France, la Grèce, l'Irlande, l'Italie, le Luxembourg, les Pays-Bas et le Portugal. Aucune valeur ne peut dépasser 15 % du poids de l'indice Euro Stoxx Select Dividend 30. La composition de cet indice est revue chaque année. Comme pour le CAC 40, dans la mesure où il s'agit d'un indice « dividendes non réinvestis », sa performance dépend uniquement de la variation du cours de ses actions et non des dividendes versés par ces valeurs qui ne sont pas réinvestis dans l'indice. Le porteur ne bénéficie pas des dividendes détachés par les actions composant l'indice alors qu'ils peuvent présenter une part importante de l'éventuelle performance du panel d'actions le composant.

Ces indices dits « traditionnels » ont pour avantage d'être très lisibles dans leur construction et dans leur méthode de valorisation. Ils permettent donc une lecture facile de la performance nécessaire et donc du gain potentiel en cas de dépassement de l'objectif.

Cependant, ces dernières années, dans un contexte de taux durablement bas, souvent accompagnés d'une volatilité basse elle aussi, les émetteurs de produits ont rencontré de plus en plus de difficultés à concevoir des solutions basées sur des indices de référence classiques tout en continuant à offrir des rémunérations satisfaisantes.

Aussi, les banques ont-elles eu l'idée de sortir de nouveaux indices de référence qu'elles qualifient elles-mêmes d'« optimisés ». Le cahier des charges de ces indices devant répondre à deux objectifs :

- continuer à proposer des produits satisfaisants pour l'investisseur autant au niveau de la rémunération qu'au niveau de la protection du capital ;

- être le plus possible corrélé à l'indice habituel de référence auquel les investisseurs sont habitués.

Grâce à ce mécanisme, elles ont pour objectif d'améliorer le rendement espéré de l'ordre de 2 % par rapport à un sous-jacent basé sur l'indice traditionnel Euro Stoxx 50.

Le principe général de ces nouveaux indices de référence est toujours le même :

- se baser sur les principales valeurs européennes (cinquante ou soixante-dix suivant les règles propres à chaque indice) puis réintégrer chaque année la valeur de leurs dividendes annuels et enfin retrancher un montant forfaitaire de l'ordre de 4,75 % ou 5 % (suivant les règles propres à chaque indice) ;

- équipondérer les valeurs qui composent l'indice, c'est-à-dire donner le même poids à chaque valeur contrairement aux indices traditionnels construits sur la base des capitalisations respectives de leurs valeurs. Cette méthode d'équipondération permet donc d'éviter que les variations des principales valeurs qui composent l'indice aient un impact trop important sur ses mouvements haussiers ou baissiers. On se prémunit ainsi davantage de la volatilité.

Parmi ces indices, on peut en citer quatre fréquemment utilisés sur le marché français. En 2017, ils ont représenté à eux seuls les sous-jacents de référence pour 30 % des produits structurés lancés sur le marché.

L'indice CAC Large 60 EWER (code CLEWE)

Créé en 2015, l'indice CAC Large 60 est composé des soixante plus grandes capitalisations boursières françaises : les quarante valeurs de l'indice CAC 40 + vingt supplémentaires, celles de l'indice NEXT 20, c'est-à-dire celles qui potentiellement pourraient avoir une place dans le CAC 40 dans les prochaines années. Les soixante valeurs sont équipondérées. L'indice est calculé de la façon suivante : tous les dividendes nets générés par les valeurs qui le composent sont intégrés puis est soustrait de façon forfaitaire 5 % par an. Sa composition est revue à une fréquence trimestrielle. En 2017, à lui seul, il a servi de sous-jacent de référence pour 15 % des produits structurés lancés sur le marché français.

L'indice Euro iStoxx EWC 50 (code ISXEC50)

L'indice Euro iStoxx EWC 50 a été créé en novembre 2014. Ses composants (les mêmes que ceux de l'indice Euro Stoxx 50) sont équipondérés (poids équivalent de 2 % au sein de l'indice) alors que la pondération des composants de l'indice Euro Stoxx 50 dépend de leur capitalisation boursière. L'indice est calculé de la façon suivante : tous les dividendes nets générés par les valeurs qui le composent sont intégrés puis est soustrait de façon forfaitaire un dividende de 50 points/an. En 2017, il a été utilisé en tant que sous-jacent de référence pour 10 % des produits lancés sur le marché.

Le MSCI Euro Select 4,75 % Decrement (code M7EUSDA)

L'indice MSCI Euro 50 Select 4,75 % Decrement est un indice du marché actions équipondéré constitué des cinquante principales sociétés de la zone euro, sélectionnées sur la base de leur capitalisation boursière. L'indice est diversifié en termes de secteurs économiques et de zone géographique. Sa composition est revue tous les trimestres. L'indice est calculé de la façon suivante : tous les dividendes nets générés par les valeurs qui le composent sont intégrés puis est soustrait de façon forfaitaire 4,75 % par an. En 2017, il a été le sous-jacent de référence pour environ 3 % des produits lancés sur le marché.

L'Euro Istoxx 70 Equal Weight Decrement 5 % (code ISX70D5)

Créé en 2016, l'indice Euro Istoxx 70 est composé des soixante-dix plus grandes capitalisations boursières de la zone euro. Sa composition est revue à une fréquence trimestrielle.

Ces soixante-dix valeurs sont équipondérées. L'indice est calculé de la façon suivante : tous les dividendes nets générés par les valeurs qui le composent sont intégrés puis est soustrait de façon forfaitaire 5 % par an. Il a été utilisé comme sous-jacent de référence pour 2 % des lancements de produits structurés en 2017.

Le principe de calcul de ces indices dits « intelligents » repose sur le constat suivant : l'analyse des données passées utilisant la méthode de l'équipondération a permis de constater que les performances étaient alors annuellement améliorées de l'ordre de 2 %. Cela traduisait ainsi le renforcement dans l'indice des actions qui avaient le plus progressé et diminuait le poids des actions qui étaient en sous performance. Dans le même temps, le retranchement d'un dividende forfaitaire de 4,75 % ou 5 %, c'est-à-dire supérieur de l'ordre de 2 % au dividende réel constaté sur les dix dernières années, avait pour conséquence de diminuer la performance de 2 % par rapport à un indice traditionnel.

Ainsi, en utilisant cette méthodologie reposant sur la prise en compte d'un côté de l'équipondération qui avait un impact positif de l'ordre de 2 % et de l'autre le retranchement forfaitaire d'un dividende fictif avec un impact négatif de l'ordre de 2 %, les deux paramètres s'annulaient mutuellement. On obtenait ainsi un résultat sur l'indice de nouvelle génération très proche de l'indice traditionnel de référence.

Sur le plan théorique, l'utilisation de ces nouveaux indices trouve donc toute sa justification puisqu'elle permet à l'émetteur de proposer une rémunération comparable à celle qu'il offrait dans le passé en utilisant des méthodologies de calcul légèrement différentes.

Pour la suite de ce chapitre et pour étayer notre démonstration, nous vous proposons de nous appuyer sur les résultats obtenus par une grande banque nationale qui, en 2017, a réalisé différentes simulations (internes et non publiées) pour déterminer l'incidence du changement de certains paramètres techniques sur l'un des produits structurés du moment.

Sur le paramètre indice de référence, il s'agissait pour le produit étudié de mesurer l'impact d'un changement d'indice de référence en tant que sous-jacent sur la performance attendue.

Rémunération	10 %	7,60 %	7,30 %
Indice de référence	CAC Large EWER 60	Euro Stoxx 50	CAC 40

Comme vous le comprenez, pour être séduisant en termes de rémunération, ce produit était donc proposé sur la base du CAC Large EWER 60 et non pas sur d'autres indices plus classiques.

L'utilisation d'indices intelligents, si elle n'est pas dénuée d'intérêt, présente toutefois deux inconvénients importants qu'il convient de ne pas négliger. Tout d'abord, il est beaucoup plus compliqué pour l'investisseur moyen d'appréhender ces indices car leur lecture est plus complexe à interpréter. D'ailleurs, l'AMF ne s'y est pas trompée puisque dans la mise à jour de sa réglementation, elle a considéré que ces nouveaux indices dits « intelligents » se voyaient désormais attribuer la valeur de deux mécanismes. Vous vous souvenez que les produits structurés ne doivent pas utiliser plus de trois mécanismes financiers au sens de l'AMF pour être autorisés dans le cadre d'une ouverture à l'épargne publique. Ainsi, si le sous-jacent basé sur un indice intelligent en utilise déjà deux à lui seul (sur trois possibles), il réduit d'autant les marges de manœuvre possibles pour pouvoir construire des solutions évoluées et performantes.

Un autre argument plaide en la défaveur des indices intelligents : en période de hausse habituelle du cours des actions qui le composent et du maintien des dividendes à leurs niveaux habituels (de l'ordre de 2,90 %), le modèle fonctionne correctement. En revanche, en cas de difficulté sur le marché, les dividendes peuvent fortement diminuer pour ne pas atteindre les 2,90 % de moyenne. Le retranchement forfaitaire restant quant à lui identique (5 %). Dans ce cas la valeur de l'indice dit « intelligent » peut s'éloigner de façon assez importante de l'indice traditionnel et la performance espérée peut ne pas être atteinte.

Un panier d'indices

La construction de produits structurés peut aussi se reposer sur la combinaison de multiples indices. Par exemple la pondération à 50 % de l'indice Euro Stoxx 50 et à 50 % de l'indice CAC 40. On peut même envisager, pourquoi pas, la combinaison de trois indices à parts égales européens, américains et japonais. Il n'y a aucune limitation dans la créativité des émetteurs autre que l'objectif de créer de la performance pour leurs produits. Mais encore une fois, plus les indices utilisés sont nombreux et exotiques, c'est-à-dire issus de marchés que l'on ne maîtrise pas, et plus la lecture, la compréhension et la projection de performance seront complexes. Il convient donc particulièrement sur ce type de produits de prendre le temps de comprendre les indices utilisés et éventuellement de se faire conseiller par un spécialiste avant d'investir.

Statistiques sur les sous-jacents les plus utilisés

Même si un produit structuré peut théoriquement utiliser n'importe quel support, dans les faits ce sont essentiellement les quatre types de sous-jacents que nous venons d'évoquer qui sont le plus souvent représentés sur le marché. En effet, les derniers chiffres publiés pour 2017 font apparaître des résultats qui sont sans équivoque, puisque ces quatre cas représentent 95 % des supports proposés. Et pour aller plus loin, sachez que l'indice le plus utilisé a été quant à lui l'Euro Stoxx 50, même si ce n'est pas forcément dans l'absolu l'indice du marché le plus performant.

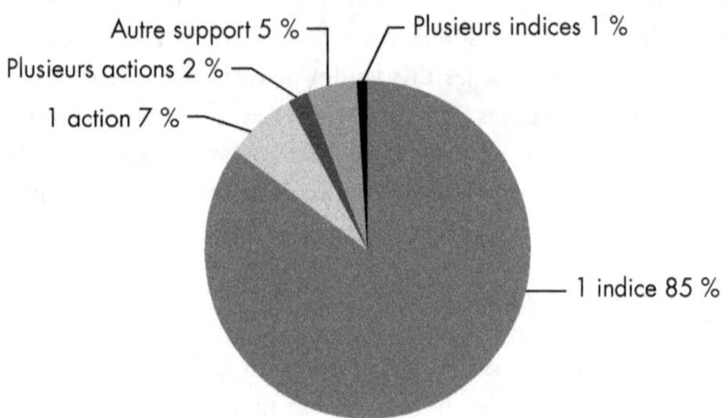

Graphique à partir des chiffres marché fournis par SRP

Figure 9 – Répartition des produits par type de sous-jacents

LE NIVEAU DE PROTECTION DU CAPITAL

Le niveau de protection du capital est le deuxième critère le plus important des produits structurés.

À l'échéance du produit, l'investisseur reçoit l'intégralité de son capital si le produit n'a pas subi de baisse supérieure à un certain pourcentage fixé à l'origine. Si la baisse est supérieure à cette limite fixée à l'origine, l'investisseur subit une perte en capital correspondant à l'intégralité de la baisse enregistrée par le sous-jacent. Évidemment, plus le niveau de protection est important et plus la probabilité de perte est faible. En revanche, si en cas de mauvaise conjoncture la perte venait à se manifester, la protection n'agirait pas sur le montant de la perte enregistrée. La protection du capital à l'échéance dépend donc d'abord de l'évolution du sous-jacent dans la limite fixée.

La perte en capital peut ainsi être partielle en fonction du cours d'arrivée du sous-jacent et même totale en cas de faillite des sociétés servant de référence au sous-jacent.

Il est important de noter que la protection ne s'applique que par rapport à la variation du cours du sous-jacent et non par rapport à d'autres facteurs comme le défaut (improbable mais possible) de l'établissement financier émetteur ou encore de l'assureur détenteur des avoirs pour votre compte. Dans ce cas, vous êtes exposé à une perte totale de vos avoirs.

Attention aussi à bien définir ce que l'on entend par « cadre de protection du capital ». En théorie, cette protection du capital peut s'appliquer suivant le produit souscrit soit à la totalité du capital souscrit (hors frais de gestion) soit à une part définie. Mais de nos jours, compte tenu des conditions de marché défavorables, les solutions garanties à 100 % n'existent plus ou offrent des performances très faibles. Les protections standard actuelles sont de l'ordre de 20 % à 50 % de la part souscrite (hors frais de gestion).

Nous insistons sur ce point car il faut bien avoir en tête que plus le niveau de protection est important, plus la rémunération proposée sera dégradée. En effet, les résultats de l'étude précitée concernant ce paramètre ne sont pas neutres, puisque comme le montre le tableau suivant, toute protection au-delà de 40 % se paye assez cher au niveau de la rémunération du produit.

Protection	– 50 %	– 40 %	– 30 %
Rémunération	7,90 %	10 %	11,45 %

La limitation de la protection à la durée de vie du produit est un second élément à considérer. Historiquement, les produits étaient construits sur la base de 5 à 6 ans maximum. Désormais, afin de bénéficier de plus de marge de manœuvre pour offrir une meilleure rémunération, de plus en plus de produits sont proposés sur la base d'une détention maximum mais non obligatoire de 8 à 10 ans et parfois même 12 ans. Au-delà de cette période, la protection est tout simplement annulée car à son échéance le produit se termine et est remboursé selon le prix du sous-jacent, et ce quelles que soient les conditions de marché. Le produit est ainsi remboursé à son prix réel de clôture s'il est inférieur au niveau de la protection.

En reprenant les éléments de l'étude déjà évoquée au début de ce chapitre, nous voyons cette fois que le paramètre maturité (durée de vie du produit) sur la rémunération proposée est également un facteur important de décision. Pas de secret : plus le produit est long, plus la rémunération proposée est importante.

Maturité	5 ans	8 ans	10 ans
Rémunération	4,60 %	8,60 %	10 %

LES DATES DE RÉFÉRENCE

Quel que soit le produit structuré sur lequel vous investissez, vous retrouverez systématiquement dans les documents de référence du produit la mention d'une rubrique consacrée à la présentation de différentes dates de référence :

- la date d'émission ;
- la période de commercialisation ;

- la date de constatation initiale ;
- les dates de constatation fixées ;
- la date de constatation finale.

La date d'émission et la période de commercialisation

La date d'émission est la date à partir de laquelle le produit sera disponible sur le marché. La période de commercialisation correspond au moment où vous allez pouvoir souscrire la solution dans le cadre de sa commercialisation. La durée est en principe de 1 à 2 mois maximum car au-delà les caractéristiques du produit ne pourraient plus être garanties.

La date de constatation initiale

C'est un élément prépondérant dans le choix d'investir sur un produit structuré car c'est cette date qui va fixer de façon définitive la valeur de départ du sous-jacent. Toute la performance future du produit sera ainsi déterminée depuis ce moment. Compte tenu du mécanisme assez complexe des produits structurés, on ne peut jamais être certain de la valeur du sous-jacent lors de l'émission du produit car la souscription s'effectue toujours plusieurs semaines avant de connaître les conditions exactes du marché à la date de constatation initiale.

Elle est toujours postérieure à la date de fin de commercialisation.

Ainsi, lors de la souscription, vous investissez en réalité sur une hypothèse de valorisation à la date de constatation initiale avec pour objectif une stabilité par rapport à cette date de souscription. Dans la majorité des cas, vous n'aurez pas de surprise car le choix du produit est aussi fait sur l'hypothèse d'une certaine stabilité anticipée sur la période de souscription. Toutefois, dans quelques cas, vous pourrez parfois bénéficier d'une bonne ou d'une mauvaise surprise.

Voici un exemple pour illustrer ce propos : vous décidez d'investir le 30 mai sur un produit structuré ayant pour sous-jacent l'action TOTAL qui cote 40 € au moment de la souscription. L'objectif du produit est de maintenir son cours à 100 % à échéance 5 ans. Vous bénéficiez d'une protection de 40 %, c'est-à-dire jusqu'à un cours de 24 €.

Premier exemple

À la date de constatation initiale le 1er juillet, l'action a baissé et cote désormais 38 €. Votre point d'entrée est donc meilleur que celui que vous aviez prévu initialement puisque votre niveau de protection sera basé sur 38 € (protection jusqu'à 22,80 €) et non pas 40 €. Il aura plus de chances d'être tenu à 38 € qu'à 40 € et vous aurez plus de chances de gagner de l'argent à l'échéance.

Second exemple

Dans l'intervalle de souscription, le sous-jacent a monté et cote désormais 42 € le 1er juillet au lieu des 40 € prévus initialement. La protection s'appliquera sur cette base moins favorable (protection jusqu'à 25,20 €) et l'objectif sera donc lui aussi plus difficile à tenir.

Rassurez-vous, dans la très grande majorité des cas quand des produits structurés sont proposés à la commercialisation les variations à la hausse comme à la baisse entre le moment de la souscription et le moment de la date de constatation annuelle ne varient généralement pas de plus ou moins 5 %. Il faudrait vraiment qu'il y ait un événement majeur sur le sous-jacent ou sur le marché pour qu'il y ait un impact conséquent dans un sens ou dans un autre.

Attention : dans certains cas extrêmement rares mais que nous avons déjà rencontrés, la valeur du sous-jacent prise en compte à la date de constatation initiale peut être fictive. C'est-à-dire qu'elle ne sera pas liée à sa cotation réelle sur le marché à la date de constatation mais à une valorisation déterminée fictivement à l'avance. Nous vous rappelons qu'un produit structuré est avant tout un contrat dans lequel un certain nombre de clauses sont établies. Vous décidez à l'avance de les accepter ou non. Tous les mécanismes de conception sont donc possibles.

Voici un exemple concret : l'action Crédit Agricole cote dans le marché réel à 14 € au 1er juillet mais contractuellement le produit structuré prévoit que la valeur de référence prise en compte sera de 13 € quelles que soient les conditions de marché le jour de sa première cotation. Dans ce cas, ce sera 13 € qui servira de point de départ et non pas la valeur réelle en date du 1er juillet. Cette technique n'est généralement utilisée par les émetteurs que lorsqu'il existe un certain risque de volatilité du marché ou du sous-jacent proposé. Elle permet de gommer l'incertitude qui plane entre la date de souscription par l'investisseur et la date de constatation initiale puisqu'il connaît de façon certaine son point d'entrée initial. Ainsi, la date ne servira qu'à déterminer le point de démarrage du produit et non pas sa valorisation d'origine.

La maturité du produit et sa date de constatation finale

La durée de vie maximale d'un produit structuré est toujours connue au moment de la souscription. Elle est fixée à l'avance et se situe généralement entre 4 ans pour les plus courtes et jusqu'à 12 ans pour les plus longues.

La durée de vie ne doit en aucun cas vous faire peur, car il s'agit d'une durée maximale d'immobilisation. Cette durée maximale doit se comprendre comme une forme de garantie de bonne fin de produit. En effet, la période de détention doit être suffisamment longue pour permettre au sous-jacent d'absorber un cycle boursier défavorable dès le démarrage : le placement a ainsi le temps de bénéficier d'une éventuelle remontée de cycle. Inversement, une durée de vie trop courte, moins de 4 ans par exemple, ne donnerait pas suffisamment de temps au placement pour absorber une configuration de marché défavorable dès son lancement. Pour faire simple : plus la durée de vie maximale est longue, plus le risque de perte de capital est réduit.

Le point clé à retenir ici est que l'on ne connaît jamais à l'avance la durée d'investissement sur un produit structuré puisque ce sont les conditions de marché qui vont déterminer la fin du produit. Il faut donc investir uniquement des sommes dont vous n'avez pas besoin à court terme. Si le produit reste liquide puisqu'il est coté chaque jour, il reste sujet à la volatilité des marchés. En effet, étroitement lié à la valorisation de son sous-jacent, il peut voir sa propre valeur passer en dessous de son prix d'émission et ainsi traduire ponctuellement une perte théorique de capital à un moment donné mais non réalisée puisque non vendue.

Dans tous les cas, le mode de construction des produits structurés reposant sur différents outils financiers, il n'est pas possible de conserver le support au-delà de sa durée de vie maximale. C'est une différence majeure avec d'autres produits en unités de compte ou des actions classiques qui, si elles ont évolué défavorablement, peuvent être conservées plus longtemps, dans l'attente d'un retour à meilleure fortune.

La fréquence des rappels périodiques

La majorité des produits structurés offre la possibilité d'un remboursement automatique anticipé avec un gain lors de dates de constatation périodiques fixées à l'avance. À chacune de ces dates, on compare le niveau des valeurs de référence avec leur niveau d'origine. Si les conditions sont réunies, un remboursement anticipé est automatiquement activé, augmenté d'une rémunération fixée à l'avance.

Bien que la plupart des produits proposent des dates de constatation annuelles (donc six fois durant la vie d'un produit de 6 ans), il n'existe aucune règle ni obligation légale en la matière. Vous trouverez donc certains produits dont les dates de constatation sont tous les deux ans, tous les ans, tous les trimestres, tous les mois et voire jusqu'à tous les jours après une détention minimum de 1 an par exemple. Dans tous les cas, sachez que plus votre produit bénéficie de dates de constatation régulières et plus vous aurez de chances que ce produit soit remboursé avant sa date d'échéance maximale compte tenu des aléas du marché (saisonnalité, cycles économiques, événements favorables imprévus).

Toutefois, un produit qui propose de nombreuses dates de constatation est toujours moins rémunérateur qu'un produit identique par ailleurs qui proposerait quant à lui des dates moins régulières. Toute situation s'apprécie au regard d'un contexte global, ce sera donc à vous d'estimer ce qui vous semble compatible avec votre couple risque/espérance de gain.

Si nous reprenons les résultats de l'étude dont nous avons déjà parlé sur le paramètre fréquence de rappel, là encore on voit bien que celle-ci vient dégrader la performance du produit en termes de rémunération.

Fréquence de rappel	Annuelle	Semestrielle	Mensuelle	Quotidienne
Rémunération	10 %	8,70 %	7,90 %	7 %

Au final, il est extrêmement rare qu'un produit structuré aille jusqu'à sa durée de vie maximale, les remboursements intervenant le plus souvent entre la première et la troisième année. Si les conditions de remboursement automatique aux dates fixées à l'avance n'ont jamais été réunies, le placement est dans tous les cas dénoué à son échéance maximale selon différents scénarios (comme nous l'expliquerons de façon détaillée lors du prochain chapitre), avec gain total ou partiel, sans gain ou avec perte.

LE PRIX D'EXERCICE DU PRODUIT STRUCTURÉ

Nous ne l'avons pas encore beaucoup évoqué, mais chaque produit structuré se caractérise aussi par rapport à un objectif de performance à réaliser, ce que l'on nomme en langage technique le « prix d'exercice » ou « strike ». L'intérêt d'investir sur un produit structuré va notamment se manifester par la probabilité que celui-ci atteigne l'objectif qui est fixé dès le départ. Si celui-ci est réaliste, le produit peut être pertinent. Dans le cas inverse, le produit peut ne présenter aucun intérêt, toutes les autres caractéristiques du produit étant égales par ailleurs.

Attention : la réalisation de l'objectif ne signifie pas forcément que celui-ci doit être positif par rapport à la valeur d'origine du sous-jacent. En effet, comme vous le savez, avec un produit structuré on peut imaginer toutes sortes de combinaisons possibles. Ainsi, si vous avez l'habitude quand vous investissez dans d'autres produits financiers de voir des conditions de hausse élevées du sous-jacent (exemple + 10 %), pour réaliser votre gain, avec un produit structuré l'objectif peut très bien être à 0 % ou même négatif (exemple – 10 %). Bien sûr, plus le niveau de rappel est bas, c'est-à-dire l'objectif à atteindre pour obtenir un gain, plus la rémunération proposée est faible.

Toujours en reprenant les chiffres de l'étude de la grande banque nationale, nous voyons une parfaite illustration du mécanisme dans le tableau suivant.

Niveau de rappel du produit	100 %	95 %	90 %
Coupon	10 %	6,40 %	3,10 %

Toutefois, comme toujours, plus l'effort de progression du sous-jacent de référence pour le « déclenchement du remboursement et gain » est important, plus le niveau de rémunération proposé est élevé. Ce paramètre est un élément déterminant du « pricing » du produit.

C'est pour cela que le niveau de déclenchement du remboursement est souvent fixé au-dessus du niveau du sous-jacent, afin d'augmenter la rémunération annuelle proposée dans le cadre d'un produit structuré. C'est surtout le cas quand celui-ci est un indice et non une valeur en particulier. En effet, la nature même d'un produit structuré fait qu'il est plus rémunérateur sur les sous-jacents à forte volatilité comme un titre en particulier plutôt que sur un indice qui par définition présente plus d'inertie à cause du nombre de valeurs qui le composent. Ainsi, on retrouve régulièrement sur les produits dont l'échéance maximum est de 10 ans, la nécessité d'une évolution minimum du sous-jacent de + 5 % sur la période par rapport à son niveau initial. Il faut bien comprendre + 5 % sur la période et non pas 5 % par an. Cela représente en moyenne + 0,5 % par an sur la durée de 10 ans. Ceci est extrêmement faible pour un marché global dont la nature est de s'apprécier dans le temps.

En effet, dans ce contexte, 5 % de hausse sur 10 ans reviendrait à anticiper que le marché va connaître des aléas pendant toute la période d'investissement pour arriver après 10 ans à un niveau d'atterrissage très proche de son point de départ. Il apparaît donc comme très raisonnable et le gain semble accessible, sauf dans le cas où l'investissement serait réalisé dans un haut de cycle (exemple : CAC 40 à 7 000 points en septembre 2000).

Le réalisme de l'objectif du produit devra donc toujours s'apprécier non pas en fonction de la hausse demandée du sous-jacent mais surtout en fonction de différents paramètres, tels que :

- *l'historique de comportement du sous-jacent* : c'est-à-dire l'évaluation de son historique de cours sur une longue période d'analyse de temps ;

- *l'actualité conjoncturelle de celui-ci* : c'est-à-dire le « newsflow » d'information au moment d'investir, la situation économique s'il s'agit d'un indice, la situation du secteur d'activité du sous-jacent s'il s'agit d'un panier de valeurs d'un même secteur ;

- *la situation spécifique du support s'il s'agit d'une entreprise* : ses ratios économiques de valorisation comme le Price-to-Earnings Ratio ou « P/E » (ratio cours sur bénéfice), le Price-to-Book (ratio cours sur actif net) ou le Price-to-Cash Flow (cours sur flux de trésorerie). D'autres indicateurs rapportent la valeur d'entreprise (capitalisation boursière + dette nette) au résultat d'exploitation « EV/EBIT » ou au résultat brut d'exploitation « EV/EBITDA ». Ce n'est pas tant les chiffres qui sont importants mais le fait qu'ils soient plus élevés ou moins élevés que les ratios historiques ;

- *le niveau d'entrée* : c'est-à-dire le cours prévisible auquel nous allons possiblement entrer comparativement à l'historique de cours du sous-jacent.

En effet, demander une grosse croissance sur un cours très faible peut se révéler parfois un effort moins important à fournir qu'une petite croissance sur un cours déjà très important.

Pour illustrer tous ces éléments, nous vous proposons trois exemples typiques de configurations fictives qui permettent de prendre rapidement la mesure d'une situation en prenant en compte les différents aspects que nous venons d'évoquer.

Exemple 1 : cas Carrefour

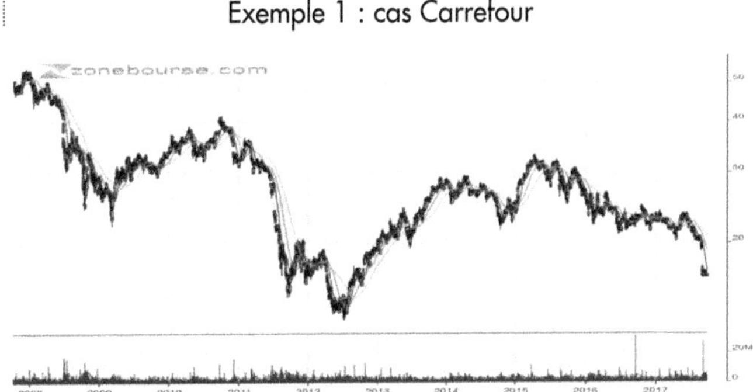

Figure 10

Historique : ce graphique correspond au cours de la valeur sur un historique de 10 ans. Comme on peut le voir, sur la période la valeur a oscillé entre 53 € et 13 €.

L'actualité : la société connaît depuis quelques années des difficultés qui empêchent le cours de remonter durablement et significativement. Cependant, un nouveau dirigeant vient de présenter son nouveau plan stratégique à 5 ans.

Le point d'entrée : en septembre 2017, l'action est aux alentours de 17 €, soit assez proche de ses plus bas historiques.

L'offre : on vous propose de rentrer sur cette valeur avec un produit structuré dont l'objectif est une croissance de 10 % du sous-jacent, soit 18,70 € (17 € cours actuel + 10 % à échéance dans 10 ans) avec la possibilité d'un remboursement automatique chaque année si la condition est remplie.

Notre analyse : compte tenu des différents éléments d'appréciation, on peut imaginer sans prendre trop de risques que l'objectif sera très probablement rempli et qu'il s'agit d'un bon produit sur lequel investir.

Exemple 2 : cas Ubisoft

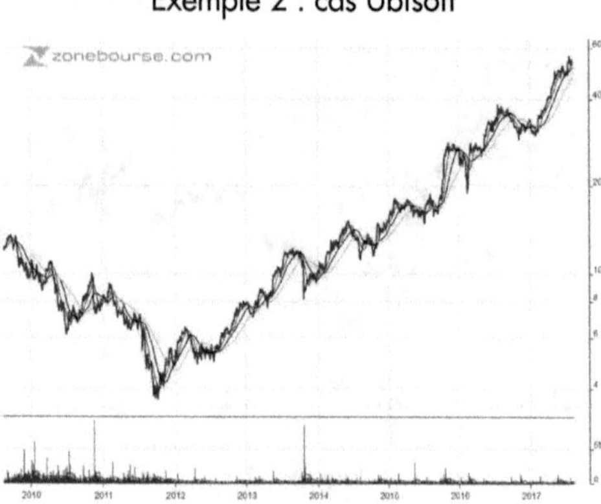

Figure 11

Historique : comme on peut le voir sur ce graphique retraçant une période 10 ans, la valeur a oscillé entre 4 € et 60 €.

L'actualité : la société connaît depuis quelques années une bonne croissance et est très bien valorisée. Par ailleurs, elle est également très spéculative puisque le groupe Vivendi a pris une part importante du capital et pourrait augmenter encore cette part.

Le point d'entrée : à mi-2017 l'action est aux alentours de 60 €, soit sur ses plus hauts historiques.

L'offre : on vous propose de rentrer sur cette valeur avec un produit structuré dont l'objectif est de réaliser 15 % de hausse du sous-jacent à l'échéance de 10 ans pour atteindre 69 € avec la possibilité d'un remboursement automatique chaque année si la condition est remplie.

Notre analyse : compte tenu de ces différents éléments d'appréciation, on ne peut être certain de la réalisation de cet objectif car les cours sont déjà élevés. La spéculation pourrait retomber. La société n'est pas à l'abri d'un accident de parcours comme en 2012. Nous considérons que la situation ne présente pas toutes les garanties nécessaires pour entrer sans une part importante de risques.

Exemple 3 : cas Euro Stoxx 50

Figure 12

Historique : ce graphique correspond au cours de la valeur sur un historique de 10 ans. Comme on peut le voir, sur la période la valeur a oscillé entre l'indice 4 500 et l'indice 1 800.

L'actualité : le contexte économique en zone euro est considéré comme plutôt favorable sur les prochaines années même si un certain nombre de menaces ne sont pas écartées (Brexit, tensions commerciales USA/Chine…).

Le point d'entrée : en septembre 2017 l'indice se situe aux alentours de 3 500, soit à 77 % de ses plus hauts historiques.

L'offre : on vous propose de rentrer sur cette valeur avec un produit structuré qui a pour objectif de réaliser 5 % de hausse du sous-jacent, soit une valeur attendue de 3 675 à échéance des 10 ans avec la possibilité d'un remboursement automatique chaque année si la condition est remplie.

Notre analyse : compte tenu des éléments d'appréciation en notre possession, on peut considérer qu'il y a de bonnes chances que la condition soit remplie en cours de vie du produit.

L'ESPÉRANCE DE GAIN

Bien que l'espérance de gain soit un point fondamental de décision, nous avons choisi de ne parler de cet aspect qu'assez tardivement dans notre propos. En effet, nous avons estimé que parler du gain avant d'avoir abordé les autres aspects n'aurait pas suffisamment de sens pour mettre cette notion en perspective.

Nous n'allons pas revenir sur les aspects très techniques de la modélisation du gain qui est défini selon une formule mathématique assez complexe intégrant plusieurs paramètres, mais plutôt sur les autres éléments qui le régissent.

Le gain est obtenu si les conditions définies au départ lors de la souscription sont remplies, soit en cours de vie du produit soit à l'issue de son échéance maximale.

Les frais internes de conception et de distribution du produit sont toujours répercutés dans la valorisation du produit en cours de vie. Ces frais ne viennent donc pas impacter l'objectif de rémunération annoncé lors de la souscription.

La notion la plus importante à prendre en considération concernant le gain est qu'il est plafonné. Ainsi, même si la performance du produit est intimement liée à celle de son sous-jacent, elle ne peut en aucun cas être considérée comme sa réplication parfaite. Elle est même très décorrélée de celle-ci au fur et à mesure que cette performance est importante.

Attention donc à vous assurer que vous avez bien compris le mécanisme de fonctionnement : en cours de vie du produit structuré, la valorisation du sous-jacent au-dessus du niveau de protection mais en dessous de la valorisation à la date de constatation initiale n'implique pas une valorisation positive du produit structuré.

Exemple : vous achetez un produit structuré à 1 000 € sur la base d'un sous-jacent à 40 € avec une protection à 50 % et un objectif de maintien à 100 % de sa valeur à l'échéance. Si en cours de vie du produit le sous-jacent est à 30 € (soit 25 % de baisse par rapport à son cours initial mais toujours dans la zone de protection des 50 %), le produit structuré peut baisser significativement en dessous de ses 1 000 €. C'est uniquement si le sous-jacent reste stable ou augmente que le produit structuré aura tendance à augmenter lui aussi.

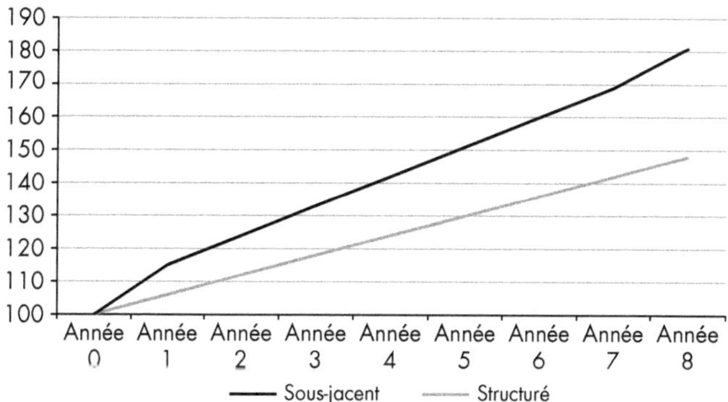

Figure 13 – Comparaison entre la performance
de l'indice et celle du sous-jacent

Le graphique ci-dessus compare de façon théorique la performance d'un produit structuré virtuel et son sous-jacent de référence sur une période de 8 ans, base indice 100 en année 0. Le sous-jacent a connu une croissance de l'ordre de 10 % par an pour atteindre un indice 180 % à l'échéance. Dans le même temps, le produit structuré dont la croissance était contractuellement plafonnée à 6 % n'a atteint à son échéance qu'un indice de 148.

Pour résumer, retenez de ce chapitre qu'il est extrêmement difficile de pouvoir comparer des produits structurés les uns avec les autres. Les éléments d'analyse sur lesquels vous devez vous appuyer pour prendre votre décision d'investissement seront cependant systématiquement les mêmes :

- le choix du sous-jacent ;

- le niveau de rémunération proposé ;

- le niveau de protection ;

- l'objectif de croissance du sous-jacent ;

- la fréquence des dates de constatation ;

- la durée maximale d'immobilisation du produit.

Dans les faits, sur une même période de commercialisation, vous ne trouverez que très rarement des produits concurrents issus de différents émetteurs s'appuyant sur les mêmes sous-jacents. Dans tous les cas, si la situation venait à se présenter à vous, soyez toujours très attentif à bien comparer l'ensemble des caractéristiques des produits, car comme le dit l'expression, « le diable se cache dans les détails ». Ainsi, deux produits en apparence presque similaires peuvent s'avérer en réalité très différents, aussi bien dans leur performance que dans leur modalité de fonctionnement.

Enfin, au-delà de l'aspect purement lié à la rémunération du produit, votre choix devra surtout s'appuyer sur le réalisme des paramètres et la cohérence du produit par rapport à la situation du sous-jacent et surtout du marché au moment d'investir.

5

Le fonctionnement des produits structurés

Quel que soit le sous-jacent sur lequel ils s'appuient, tous les produits structurés qui reposent sur des supports financiers cotés fonctionnent autour des mêmes principes de fonctionnement. Nous vous proposons de les détailler dans ce chapitre.

LE PRINCIPE DE L'EFFET MÉMOIRE

Le premier de ces principes est la notion d'« effet mémoire ». En effet, si les produits structurés ne disposent pas tous de la possibilité de remboursement automatique anticipé à des dates fixées dès le départ (par exemple tous les ans), ils bénéficient pour la quasi-majorité d'entre eux de ce fameux « effet mémoire » qui constitue une véritable aubaine pour les investisseurs. Ce terme signifie que le jour où la condition permettant le remboursement anticipé est remplie, la somme des rémunérations annuelles antérieures et non payées à date est payée en une seule fois. C'est pour cela que l'on utilise ce terme d'« effet mémoire ».

Lorsque la condition est remplie, le placement est remboursé, augmenté du gain correspondant à la rémunération annuelle brute multipliée par le nombre d'années écoulées depuis le démarrage du produit.

Prenons un exemple : une solution prévoit la possibilité de remboursement automatique tous les ans avec une rémunération de 6 % par année de détention si le sous-jacent de référence se situe au moins à son niveau initial. Si les cinq premières années le sous-jacent n'est pas arrivé à son objectif mais qu'à la sixième année celui-ci est atteint, le remboursement intervient sur la base de 6 % × 6 années, soit 36 % sur la période.

Principal avantage	Principal inconvénient
L'effet mémoire permet de faire croître le montant du gain potentiel au fil des années même si le sous-jacent n'atteint pas la croissance attendue en cours de vie du produit.	Si le sous-jacent a augmenté de façon notable pendant la période, l'investisseur ne perçoit quant à lui qu'une rémunération plafonnée qui peut être très éloignée de la variation du sous-jacent.

LE PRINCIPE DU GAIN CONDITIONNEL

Au-delà de l'effet mémoire, le produit structuré repose toujours sur au moins trois points clés que nous allons illustrer au travers d'un exemple concret.

Considérons un produit qui aurait les caractéristiques suivantes :

- un gain de 6 % bruts par année de détention (au maximum 10 ans) versés au moment du remboursement du produit ;

- une protection de 40 % pendant toute la durée de vie ;

- une possibilité de remboursement anticipé chaque année (à la date de constatation) en cas de dépassement de l'objectif du sous-jacent en cours de vie du produit ;

- ou un gain de 3 % bruts par année de détention si à l'issue des 10 ans le produit est compris entre 80 % et 99 % de sa valeur initiale.

La condition

Que le sous-jacent reste au moins à son niveau initial à l'issue de l'échéance du produit pour obtenir les 6 % par année de détention ou qu'il soit au moins à 80 % à l'issue de l'année 10 pour obtenir les 3 % par année de détention.

Le sous-jacent

L'Euro Stoxx 50 à la valeur de son indice, admettons 3 600 points le jour de la date de constatation initiale en année 0. C'est cette valeur qui servira de base 100 % pour le calcul de la performance future.

Le niveau de protection proposé

Un niveau de protection jusqu'à − 40 % de la valeur initiale de l'indice, soit 2 160 points.

LE PRINCIPE DE SCÉNARIOS DE MARCHÉ

Toutes les documentations commerciales concernant les produits structurés doivent répondre à certaines obligations légales. L'une d'entre elles consiste notamment à toujours proposer au souscripteur de prendre connaissance de la simulation de trois scénarios de marché typiques. L'objectif est purement pédagogique : faire prendre conscience à l'investisseur de la conséquence de leur incidence sur la performance du produit.

Pour mieux comprendre et aller un peu plus loin dans l'apprentissage, nous vous proposons, toujours au travers de notre exemple, d'évoquer cinq grands scénarios qui permettent de couvrir les différents cas de figure possibles, du plus défavorable au plus favorable.

Le cas très défavorable

Il s'agit d'une perte en capital en année 10 à hauteur de la baisse de l'indice et des frais.

C'est le cas le plus extrême, celui dans lequel à l'échéance du produit la baisse de la valeur de référence (sous-jacent) est supérieure au niveau de la protection. Dans ce cas l'investisseur enregistre la totalité de la perte plus les frais de gestion qu'il aura eus à payer pendant toute la durée de vie du produit.

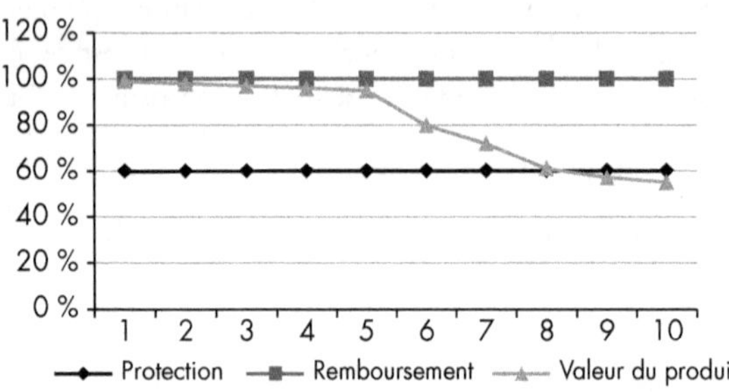

Figure 14 – Perte en capital

Dans le cas présent, le sous-jacent est resté proche de son niveau initial les quatre premières années puis a chuté pour arriver sous son niveau de protection (40 % du capital). À l'échéance des 10 ans, l'investisseur reçoit son capital diminué de la totalité de la baisse, soit seulement 55 % de son capital initial.

Le cas intermédiaire « défavorable »

Le capital est remboursé en année 10.

On décrit souvent ce cas comme intermédiaire. En réalité, il s'agit selon nous d'un cas que l'on peut classer comme défavorable lui aussi mais malgré tout bien moins grave que celui évoqué précédemment. L'indice a régulièrement baissé mais est resté au-dessus de son niveau de protection. L'investisseur n'aura rien perdu à l'échéance sauf les frais de gestion (le plus souvent de l'ordre de 0,6 % par an) plus le manque à gagner sur le capital restitué qui n'aura rien rapporté pendant la durée d'immobilisation des 10 ans.

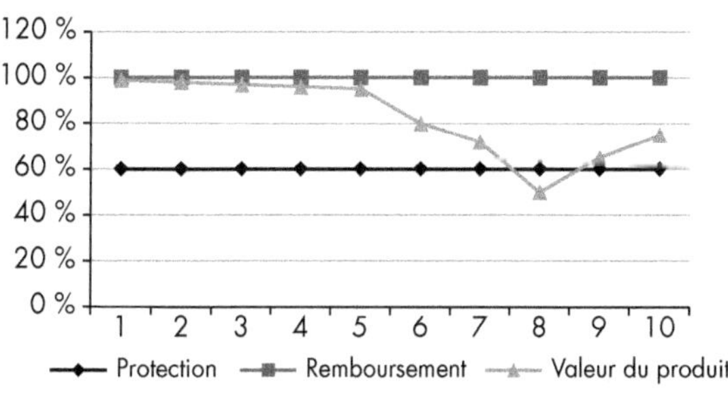

Figure 15 – Protection du capital

Dans le cas présent, le produit est resté proche de ses niveaux initiaux les quatre premières années. Puis il a chuté pour arriver à moins de 50 % de la valorisation initiale en année 8, c'est-à-dire au-delà du niveau de protection fixé à − 40 %. Cependant, il est ensuite remonté au-dessus du niveau de protection pour terminer à 75 %. L'investisseur étant protégé, il a reçu à l'issue des 10 ans 100 % de son capital mais n'a finalement rien gagné pendant la période d'immobilisation de son capital.

Le cas intermédiaire « favorable »

L'investisseur reçoit un gain de 3 % par année de détention à l'issue de la dixième année car le produit a baissé de façon modérée.

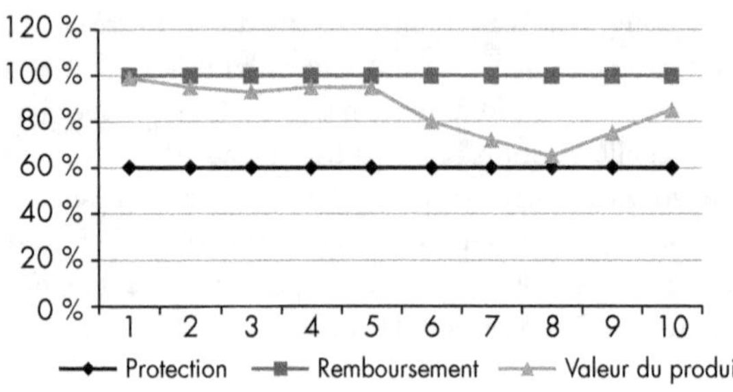

Figure 16 – Baisse modérée et « airbag »

Dans les hypothèses de départ, nous avons considéré que si le sous-jacent baissait jusqu'à − 20 % pendant la période de détention du produit, l'investisseur pouvait néanmoins bénéficier d'un gain partiel car il s'agissait d'une baisse modérée du produit. Le terme consacré pour désigner cette situation est celui d'« airbag ». C'est assez facile à comprendre : il s'agit d'un amortisseur de situation défavorable. Cette clause n'existe pas systématiquement mais nous l'avons inclue dans notre exemple.

Ici, le produit a baissé de façon modérée depuis le départ et il est resté sous son niveau de constatation initial pendant toute la durée du placement. Il n'y a donc pas eu de remboursement automatique anticipé, le placement s'est terminé à l'issue de la durée de vie maximale, soit 10 ans.

L'investisseur qui bénéficiait de cet « airbag » a pu néanmoins obtenir à la fois une rémunération minimale fixée contractuellement à 3 % par an (hors frais), soit 30 % (3 % × 10 ans) et 100 % du remboursement du produit alors qu'il a terminé à seulement 85 % de sa valeur initiale.

Vous pourrez noter que ces 3 % correspondent en tout cas à une rémunération supérieure à ce qu'aurait pu obtenir l'investisseur s'il avait investi son argent sur un support en euros. D'une certaine façon, il a pris un plus grand risque en s'exposant à un support action mais il a fini avec un meilleur résultat qu'avec un produit en euros.

Évidemment, cette protection supplémentaire a un prix. Si ce même placement avait été proposé avec les mêmes caractéristiques mais sans la notion d'« airbag » (un gain de 3 % par année si la baisse ne va pas au-delà de − 20 %), il aurait sans aucun doute obtenu une rémunération plus favorable, de l'ordre de 7 % par an au lieu de 6 % par exemple pour le cas le plus favorable.

Le cas favorable

Le remboursement du produit intervient en année 10 avec un gain de 60 % (6 % × 10 ans) car l'indice a dépassé son niveau de référence à la fin de la vie du produit. C'est l'un des cas théoriques les plus favorables mais pas le meilleur (nous vous expliquerons pourquoi un peu plus loin dans ce chapitre).

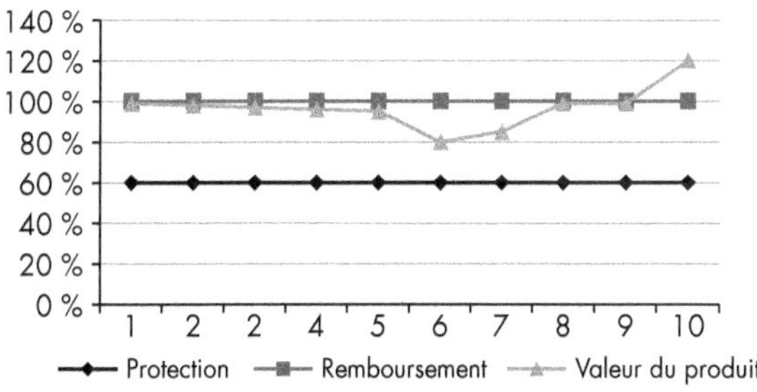

Figure 17 – Baisse importante puis remontée au-dessus de la barrière

Ici, le sous-jacent utilisé est resté légèrement en dessous de son niveau initial les quatre premières années puis a chuté sous son niveau initial (à 80 % en année 5) tout en restant dans son canal de protection. Finalement, à partir de l'année 8 il est remonté pour finir en année 10 à 120 %. L'investisseur qui a patienté jusque-là a donc gagné 6 % par année de détention, soit à l'issue des 10 ans 60 % plus 100 % de son capital initial (hors frais de gestion). Il a donc largement surpassé la seule croissance de l'indice de référence. Il a ainsi obtenu davantage que s'il était resté sur la même période sur ce même indice sans utiliser un produit structuré comme support d'investissement.

Il existe d'autres scénarios possibles concernant l'évolution de notre produit structuré en fonction des conditions de marché mais nous voudrions en évoquer ici un dernier que l'on peut considérer comme encore plus favorable.

Le cas « le plus favorable »

Dans cette situation, le remboursement du produit intervient de façon anticipée à l'issue de l'année 2 avec un gain de 12 % car l'indice utilisé a dépassé son niveau dès la deuxième année.

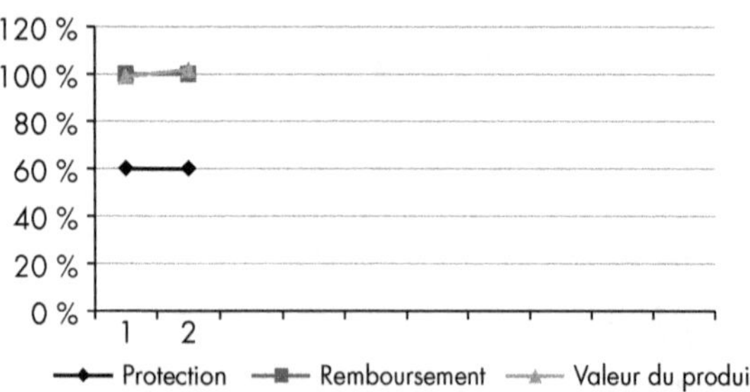

Figure 18 – Remboursement automatique en première année

Dans cet exemple, le sous-jacent a légèrement diminué en première année puis est remonté à 102 % en année 2. Ceci a permis un remboursement automatique anticipé avec un gain de 6 % × 2 ans, soit 12 % alors que le sous-jacent n'a progressé que de 2 % sur la même période. L'investisseur a optimisé son placement avec un gain six fois supérieur à celui qu'il aurait obtenu en investissant directement sur l'indice et peut désormais réutiliser son argent pour investir sur un autre produit. Ce cas est encore plus favorable que celui évoqué précédemment bien que le gain apparent soit moindre. En effet, le fait qu'il ait été remboursé très rapidement permet d'obtenir un gain réel par année de détention supérieur à celui du cas favorable précédent.

Tout d'abord, son placement subissant en réalité des frais de gestion de 0,6 % sur sa valeur résiduelle chaque année, plus le temps passe et plus ces frais vont peser sur le rendement réel par effet cumulatif. Vous avez donc tout intérêt à être remboursé le plus rapidement possible.

En effet, contrairement à d'autres placements, les produits structurés n'offrent pas d'intérêts composés. Autrement dit si vous investissez 100 avec un rendement de 6 % bruts, vous récupérez chaque année 6 et non pas le cumul du capital plus les intérêts des années précédentes.

Vous avez donc tout intérêt à ce que vos produits structurés soient remboursés le plus vite possible pour que vous puissiez vous-même obtenir cet effet multiplicateur des intérêts composés en réinvestissant votre gain chaque année sur un autre produit structuré. Nous reviendrons de façon plus détaillée sur cette notion dans le chapitre consacré à la rentabilité des produits structurés.

6

Qu'est-ce qu'un **produit structuré sur le plan technique ?**

Nous avons compris avec les cinq premiers chapitres que le très fort développement des produits structurés sur les marchés était la résultante d'un certain nombre de facteurs concomitants et convergents tant sur le plan structurel (évolution de la réglementation) que conjoncturel (baisse des taux d'intérêt). Nous avons vu également que de par leur aspect hors norme et leur complexité, ils avaient fait couler beaucoup d'encre car ils avaient été parfois mal utilisés ou mal compris par les épargnants.

Enfin, nous avons abordé les éléments clés qui permettaient de les caractériser et nous les avons illustrés par un exemple concret. Interrogeons-nous à présent sur l'ensemble des mécanismes de construction des produits structurés. Cette partie très technique arrive donc tardivement dans notre propos mais nous avons estimé qu'elle ne pouvait être expliquée qu'après avoir bien compris l'ensemble des notions précédemment abordées.

Sur la forme, le produit structuré est d'abord un titre de créances émis par une banque auprès de ses clients, particuliers ou entreprises. Autrement dit, seule la banque émettrice est débitrice vis-à-vis de ses investisseurs. Sur le plan juridique, les produits structurés prennent le plus souvent la forme d'EMTN (*Euro Medium Term Notes*). Ils correspondent à des obligations de moyen terme à capital non garanti émises par une banque. C'est elle qui se porte à la fois garante de l'émission et de sa contrepartie en cas de demande de rachat de la part des investisseurs.

De façon effective, quand vous achetez un produit structuré, vous possédez des parts de cette créance (qui sont divisibles jusqu'à plusieurs chiffres après la virgule). On utilise plus communément dans le jargon financier la notion d'« unités de compte ». Ce terme est le même que celui utilisé pour la majorité des autres produits financiers qui se découpent en parts comme les FCP, Sicav, ETF. Cette appellation vient en opposition aux fonds euros traditionnels qui eux sont libellés en valeur absolue du capital détenu.

Sur le contenu, une solution structurée est en réalité une combinaison de produits financiers tellement complexes qu'il est assez difficile de parler d'un modèle type. Toutefois, pour être le plus didactique possible on peut considérer que la majorité des solutions commercialisées s'appuient sur deux composantes essentielles : la composante taux et la composante optionnelle. Parfois elles s'appuient aussi sur une troisième composante que l'on nomme le « funding », mais ce paramètre intervient à présent de façon plus marginale.

Le prix et le rendement des produits structurés sont principalement influencés par le mélange qui sera opéré entre la composante obligataire et la composante optionnelle. La nature du mélange dépend du contexte de marché et sera adaptée pour obtenir le meilleur couple rendement/risque en fonction des investisseurs. Le tableau suivant montre l'évolution moyenne tendancielle depuis 2000. On remarque que la part optionnelle n'a cessé d'évoluer à la baisse pour passer de 35 % à 5 % de nos jours.

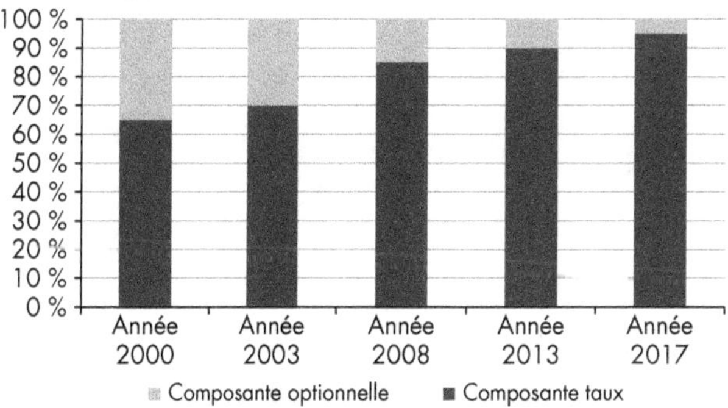

Figure 19 – Évolution dans le temps du poids respectif
des composantes taux et optionnelles

LA COMPOSANTE TAUX

Il s'agit du placement d'une partie du capital dans un produit de taux. Concrètement, cette partie du capital va être investie dans une obligation (un emprunt) à zéro coupon. Il n'y aura donc aucune rémunération pendant la durée de vie du produit. Pour tenir compte de ce paramètre, elle est donc achetée à un prix plus ou moins décoté par rapport à une obligation classique à laquelle serait rattaché un coupon annuel. Dans tous les cas, la durée de vie de cette obligation (sa « maturité », en termes techniques) sera identique à celle du produit structuré proposé.

Nous vous proposons le schéma suivant pour illustrer cette mécanique.

Cas 1 : obligation classique

Prenons pour hypothèse une maturité de 5 ans, une rémunération annuelle de 1,5 % et à l'échéance le remboursement de votre capital. Vous achetez en année 0 l'obligation à son prix normal d'émission.

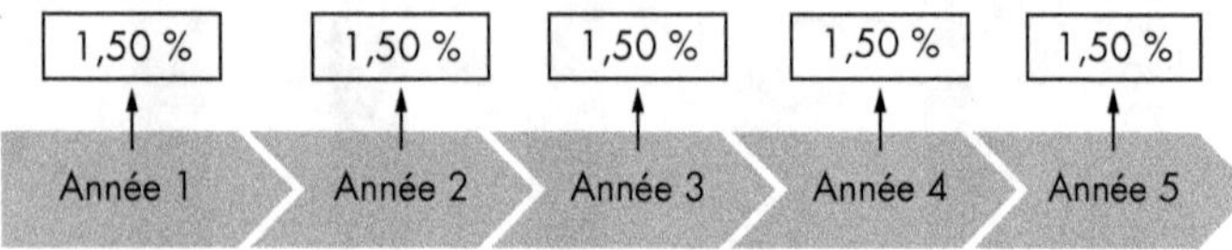

Figure 20 – Illustration du fonctionnement d'une obligation classique

Cas 2 : obligation à zéro coupon

Nous considérons un même contexte de marché et une échéance de remboursement de votre capital identique. Comme vous n'allez bénéficier d'aucune rémunération pendant toute la durée de vie du produit, dans cet exemple vous allez pouvoir acheter l'obligation en année 0 à 92,5 % de sa valeur nominale (100 % − 1,5 % × 5 ans).

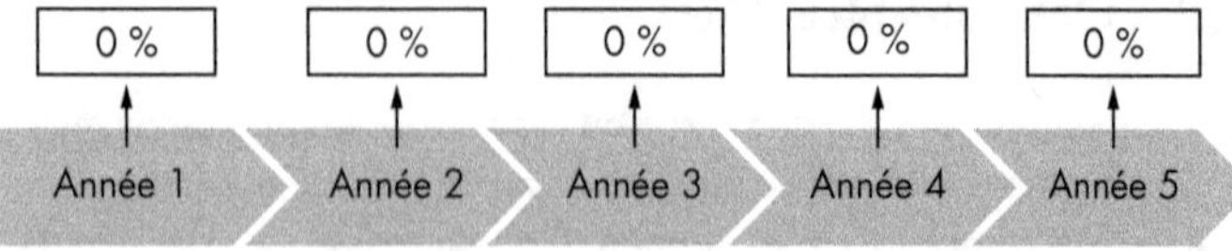

Figure 21 – Illustration du fonctionnement de l'obligation 0 coupon

Vous comprenez ainsi que plus la maturité est longue, plus les taux d'intérêt sont élevés et plus le différentiel de prix d'achat entre l'obligation dite « normale » et celle décotée à « zéro coupon » va être importante.

Dans le contexte actuel, les taux d'intérêt sont extrêmement bas car le risque emprunteur est considéré comme bas lui aussi. La composante obligataire des produits structurés proposés est donc chère car la décote est faible par rapport à une même obligation au format classique. Dix ans plus tôt, à l'époque où les taux d'intérêt étaient plus élevés, le différentiel entre l'obligation classique et l'obligation à zéro coupon était bien plus important. La composante obligataire qui correspond en réalité à la protection de l'investissement ne « consommait » que peu du capital investi puisqu'elle représentait une proportion bien moindre qu'aujourd'hui pour obtenir un même niveau de protection. Les émetteurs disposaient alors de plus de marge de manœuvre pour augmenter la performance du produit grâce à une plus forte proportion du capital investi dans la composante optionnelle.

Pour minimiser l'impact de la dégradation des conditions de marché, certaines astuces ont pu être utilisées. C'est notamment le cas de l'allongement de la maturité qui permet justement de gagner en souplesse pour l'achat de la composante optionnelle car elle augmente le niveau de décote qui correspond à X % par année.

C'est donc pour cela que les produits actuellement disponibles sur le marché sont souvent proposés avec des maturités à 8, 10 voire 12 ans contre 4 à 6 ans quelques années plus tôt.

Pour vous montrer concrètement l'influence du paramètre taux sur les produits structurés, nous vous proposons de prendre connaissance du tableau suivant, considérant un même produit investi sur quatre années différentes. En à peine dix ans, la situation s'est considérablement dégradée, ne laissant que peu de marge pour l'investissement sur la composante optionnelle.

	2008	2011	2015	2017
Taux à 8 ans	5 %	3,50 %	1 %	0,64 %
Prix d'achat de la composante obligataire à zéro coupon	67,68 %	75,94 %	92,35 %	95 %
Reste à investir sur la composante dérivée	32,31 %	24,05 %	7,65 %	5 %

LA COMPOSANTE OPTIONNELLE

Il s'agit du placement de la partie résiduelle du capital dans un produit que l'on nomme « dérivé ». C'est le produit dérivé qui déterminera la sensibilité du produit structuré à son sous-jacent, fixera la valeur du produit à son échéance ou bien encore le paiement des coupons intermédiaires.

Le prix de la composante optionnelle sera quant à lui influencé par différents paramètres techniques que nous allons vous détailler ci-dessous. Selon le niveau de ces paramètres, le prix de la composante optionnelle sera plus ou moins élevé. Vous comprenez donc que plus l'émetteur dispose d'une marge de manœuvre importante, c'est-à-dire une part importante du capital qu'il peut investir sur cette composante, plus il pourra se prémunir contre les variations de cours du sous-jacent.

De quoi parlons-nous exactement lorsque nous évoquons la « composante optionnelle » ?

Cet élément est dans la très grande majorité des cas basé sur l'utilisation de produits que l'on nomme des « warrants ». Il s'agit de produits dérivés parmi les plus anciens et utilisés par les spéculateurs de tous bords depuis de nombreuses années. Il en existe sous différentes formes pour spéculer sur un sous-jacent à la hausse (« call warrant »), à la baisse (« put warrant ») et même sur sa stabilité au sein d'un canal de cours (« stability warrant »).

Techniquement, le warrant représente un droit d'acheter une quantité déterminée d'un sous-jacent à un prix fixe. Le warrant est le plus souvent valorisé à quelques dizaines de centimes l'unité. Il existe une parité entre le sous-jacent et le nombre de warrants nécessaires pour exercer son droit d'achat sur une part. Exemple : avec 10 warrants A je peux acheter une action B à un prix X moins cher que son prix réel Y ou l'inverse si c'est un warrant baissier.

Outre leurs sens (achat, vente, stabilité), il existe de très nombreuses variantes de warrants.

Rien qu'en considérant le paramètre « droit d'exercice », il en existe de cinq sortes, présentées dans le tableau suivant.

Warrants américains	L'option est exerçable à tout moment jusqu'à l'échéance du produit pour profiter des meilleures opportunités sans contrainte.
Warrants européens	L'option n'est exerçable qu'à l'échéance du contrat.
Warrants asiatiques	La valeur du sous-jacent sur laquelle repose l'option n'est calculée qu'à la date d'exercice selon une moyenne arithmétique des cours du sous-jacent sur une période de référence.
Warrants binaires	Si le cours du sous-jacent à la date de constatation est au-dessus (« call ») ou en-dessous (« put ») du niveau prédéterminé, l'option paye le montant fixé à l'avance.
Warrants à barrières	L'option est dépendante du chemin parcouru par le sous-jacent. Elle est activée ou désactivée uniquement quand le prix du sous-jacent atteint un niveau prédéterminé. On retrouvera parfois le terme « Put Down & In » (PDI) pour les warrants baissiers de ce type.

La durée de vie des warrants est le plus souvent comprise entre quelques mois et quelques années.

De façon effective, le possesseur d'un warrant, que ce soit dans le cadre d'un achat effectué en direct ou dans le cadre d'un produit structuré, ne concrétise jamais l'utilisation de ses options d'achat ou de vente. Il les utilise uniquement pour spéculer sur les variations du sous-jacent. Dans le cadre d'un produit structuré, ce sont les équipes de l'émetteur qui jouent sur le marché avec ces outils.

Les warrants sont eux-mêmes émis par de grandes banques qui garantissent en permanence la contrepartie des cours en cas d'achat et de vente même s'il n'y a pas d'autres contreparties en face. Rien n'interdit techniquement à la banque émettrice d'un produit structuré d'utiliser dans sa construction un warrant qui aurait été émis par une autre banque, même si cela peut en augmenter les coûts de construction.

La complexité et la spécificité des warrants est due au fait que leur cours est déterminé par différents facteurs.

La *valeur intrinsèque de l'option* correspond à la différence positive ou négative (en fonction du sens du warrant) entre le prix du sous-jacent et le prix d'exercice du warrant.

À cela s'ajoutent différents paramètres techniques que l'on intègre au sein de différentes formules de mathématiques financières avec des symboles sous forme de lettres grecques.

Nous n'allons pas rentrer dans le détail des calculs mathématiques associés à ces formules mais uniquement vous présenter brièvement ce que sont ces principaux paramètres.

La volatilité « implicite » du sous-jacent (véga)

Elle traduit le pourcentage de changement du prix de l'option pour une variation de 1 % de la volatilité du prix du sous-jacent sur une période donnée, c'est-à-dire l'écart entre la valeur moyenne et la valeur constatée. La volatilité varie dans le sens contraire de la valorisation du sous-jacent. Plus il monte, plus la projection de volatilité à venir est estimée en baisse. Elle peut même avoir un effet plus fort que l'appréciation du cours du sous-jacent. Par conséquent, si l'investisseur a le choix entre plusieurs warrants de structure identique, et s'il souhaite réduire nettement l'influence des variations de la volatilité, il peut acheter des warrants « dans la monnaie », c'est-à-dire ayant déjà une valeur élevée. Autour des dates de constatation et autour du seuil de la barrière de protection à l'échéance, la variation de la valorisation du produit est très sensible. Cela s'explique par le fait que l'atteinte d'une valorisation sur ces marqueurs valide en quelque sorte la réalisation du scénario le plus prévisible.

Le « sensi taux » (*rhô*)

Il s'agit de mesurer la sensibilité du produit à la variation des taux d'intérêt. Le principe général est que la valeur de l'option monte si les taux d'intérêt baissent (en cas de warrant haussier, sinon l'inverse). L'émetteur d'un warrant ne spécule jamais contre son client, l'investisseur. L'émetteur se protège contre les fluctuations du cours du warrant en achetant et en vendant des unités du sous-jacent. Il est ainsi assuré que sa propre position se comporte comme la valeur du warrant utilisé. La couverture est dissoute dès que l'investisseur revend ses titres à l'émetteur. Comme il y a un effet de levier dans le warrant, l'émetteur doit engager beaucoup plus de capital que l'investisseur pour la couverture des options utilisées. Pour ce supplément de capital, l'émetteur facture à l'investisseur des intérêts compris dans le prix du warrant. Une hausse des intérêts entraîne une hausse du prix des « call warrants », ou inversement pour les « put warrants ». L'émetteur dans ce cas vend des sous-jacents pour se couvrir. Pour ce faire, il reçoit du capital qu'il peut placer en recevant des intérêts.

Le détachement de dividendes
sur le sous-jacent (*epsilon*)

Lorsque l'émetteur détient des actions comme position de couverture, il encaisse les dividendes associés. Ces revenus supplémentaires réduisent le prix des « call warrants » et augmentent celui des « puts ». Si le dividende attendu se modifie, le prix des warrants aussi. En cas de dividende exceptionnel ou inattendu sur le sous-jacent, un « call warrant » peut subir une forte baisse.

La maturité (*thêta*)

Ce paramètre correspond à la sensibilité du produit par rapport à sa durée de vie et son évolution au cours du temps. Par essence, un produit structuré est sensible au temps restant à courir. Plus le temps restant à courir est long, plus le potentiel de capter de la performance est élevé et plus la prime de l'option est élevée. À l'inverse, l'incertitude sur l'évolution du cours du sous-jacent baisse au fur et à mesure que la maturité approche. La valeur du *thêta* décroît ainsi dans le temps pour arriver à 0 à la maturité du produit.

Le cours du sous-jacent (*delta*)

Le *delta* désigne la sensibilité d'un produit structuré à l'évolution de la valeur du sous-jacent. Une variation de 1 % du sous-jacent n'aura pas le même impact si la valeur du produit a déjà beaucoup baissé ou a déjà beaucoup monté ou encore si elle est proche des niveaux de gain ou de perte sur le produit structuré. Cette sensibilité est étroitement liée à la distance du sous-jacent avec son « strike », c'est-à-dire la valeur de celui-ci dans le cadre de la réalisation du scénario prévu.

La variation du cours du warrant par rapport à son sous-jacent (*oméga*)

Ce paramètre permet de mesurer le pourcentage de variation du cours du warrant par rapport à la variation du cours de son sous-jacent de 1 %.

Il existe d'autres paramètres extrêmement techniques qui rentrent en compte dans la valorisation des warrants : agios, « gearing »… Nous ne rentrerons pas dans ce niveau de détail qui ne présente pas un grand intérêt pour des investisseurs non professionnels.

Notez cependant qu'en fonction de la typologie des produits structurés utilisés, que nous aborderons dans le prochain chapitre, la sensibilité du produit à tous ces paramètres peut être plus ou moins importante.

En synthèse, retenez donc de ce chapitre les points essentiels qui suivent.

En fonction de son caractère haussier ou baissier, le warrant utilisé réagit différemment à la variation des quatre paramètres essentiels présentés dans le tableau suivant.

Hausse	« Put warrant »	« Call warrant »
Du sous-jacent	Baisse	Hausse
De la volatilité	Hausse	Hausse
Des intérêts	Baisse	Hausse
Des dividendes	Hausse	Baisse

La valeur liquidative (VL) d'un produit structuré dont vous trouverez parfois mention dans différents documents correspond à la valeur de réalisation du produit à tout moment. Elle coïncide donc à l'agrégat de la valeur de chacune de ses deux composantes : la partie obligataire plus la partie dérivée (l'option).

En cours de vie du produit, les fluctuations de cette valeur liquidative seront donc étroitement liées aux paramètres que nous venons d'évoquer. Au-delà de la valeur du sous-jacent à un moment T, c'est donc également l'actualisation des flux futurs de la formule de remboursement (la probabilité que le produit soit remboursé selon les différents scénarios proposés par la formule) qui déterminera le prix du produit structuré.

Ainsi, il est fondamental de bien comprendre qu'un produit structuré est avant tout un contrat à terme. Une valeur liquidative inférieure à son prix d'émission en cours de vie n'implique pas forcément une remise en cause du potentiel à l'échéance du produit.

LA COMPOSANTE « FUNDING »

Si elle a pu avoir une certaine importance dans le passé en tant que facteur améliorant la rémunération, son impact tend nettement à diminuer même si, sur le plan théorique, nous devons continuer à le considérer.

Il existe sur le marché européen un taux de référence (Euribor) concernant les prêts interbancaires, c'est-à-dire le refinancement des banques entre elles.

En plus de ce taux conventionnel, un taux de rémunération complémentaire peut être appliqué à la banque qui cherche à se refinancer, c'est ce que l'on nomme le « funding ». Celui-ci est notamment calculé en prenant en compte le niveau de CDS (*Credit Default Swaps*), c'est-à-dire la valeur des contrats d'assurance associés à la couverture du risque de défaut de cette banque. Il s'applique donc comme un surcoût de financement de la banque sur le marché monétaire en prenant en compte l'aspect « prime de risque ». Le taux de financement effectif d'une banque correspond donc à l'Euribor + le funding.

Ainsi, plus le funding de la banque va être important, plus la composante de rémunération de la partie obligataire d'un produit structuré va être améliorée. La décote liée à l'achat de l'obligation zéro coupon va être plus importante. On disposera alors de plus de marge de manœuvre pour investir sur la partie optionnelle. Évidemment ceci se fera en contrepartie d'un risque émetteur plus important.

Le contexte actuel du marché marginalise désormais l'impact du funding dans la construction des produits structurés, du fait :

- d'un marché du crédit travaillant dans son ensemble sur la base de taux extrêmement bas sous l'impulsion de la BCE (Banque centrale européenne) ;

- de banques françaises qui ont su améliorer considérablement leur bilan depuis la crise de 2008 et sont donc à présent considérées comme présentant un facteur de risque très limité ;

- de règles prudentielles qui se sont fortement renforcées par l'action du FSB (*Financial Stability Board*) qui a débouché sur les accords de Bâle 3 et prochainement de Bâle 4 ;

- d'une forte abondance de liquidité sur le marché qui rend plus rude la concurrence entre établissements pour se prêter les uns aux autres.

FONCTIONNEMENT D'UN PRODUIT SIMPLE

Pour vous montrer de manière schématique la mécanique de fonctionnement, nous avons pris un exemple fictif décrit par le graphique suivant.

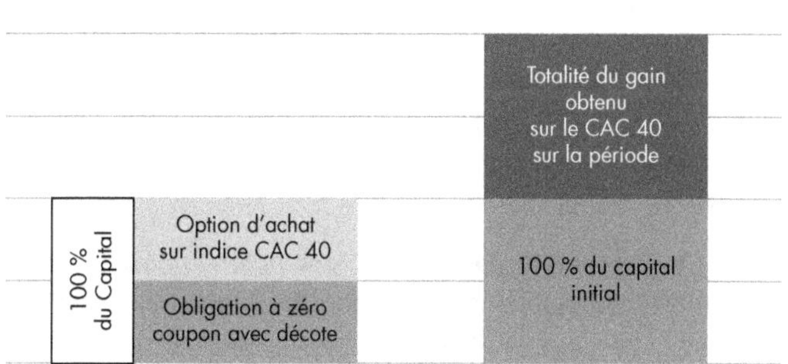

Figure 22 – Illustration de la mécanique de fonctionnement

Cet exemple correspond à un produit structuré que nous aurions souscrit en année 0 et basé sur l'indice CAC 40. L'objectif étant de capter à son échéance la totalité de la hausse de l'indice depuis la souscription tout en protégeant 100 % du capital investi.

Le produit souscrit aurait donc intégré les deux composantes qui sont invisibles du côté de l'investisseur :

- *une obligation zéro coupon*, c'est-à-dire un instrument de dette vendu avec une décote par rapport à son prix réel initial et qui « paie » à son échéance 100 % de sa valeur ;

- *une option d'achat sur l'indice CAC 40*, qui paie un montant lié à la performance positive de l'indice CAC 40 à l'échéance du produit.

Dans cet exemple, l'investisseur obtiendrait donc :

- *en cas de hausse :* 100 % du capital initial investi + le pourcentage de la performance positive de l'indice CAC 40 à l'issue de la période de souscription. Par exemple, si le CAC 40 a gagné 15 % et que l'investisseur a investi 1 000 €, il aurait récupéré 150 € supplémentaires par rapport à son capital initial ;

- *en cas de baisse :* l'intégralité de son capital de départ sans aucun impact de la baisse de l'indice sur la période. S'il a donc investi 1 000 € il récupère le même montant au moment du remboursement.

La combinaison de différents outils financiers disposant chacun de caractéristiques spécifiques a donc donné naissance à un nouveau produit financier qui dispose lui-même de ses propres caractéristiques.

Grâce à la multitude de combinaisons possibles, la banque émettrice peut construire et proposer à ses clients des solutions extrêmement variées en fonction de leurs attentes et de leur profil de risque. De plus, construites à la carte, elles sont adaptées à n'importe quelle situation de marché, que celui-ci soit haut ou bas au moment du lancement de la solution.

Le principe général du produit structuré est d'être en capacité d'offrir une espérance de gain toujours supérieure à celle proposée dans le cadre d'un fonds euros. Dans le même temps, il s'agit de permettre l'obtention de certains niveaux de protection du capital qui le rendront toujours moins risqué qu'un placement en actions classiques.

Enfin, même si la durée de vie des produits structurés est limitée, elle est en principe suffisamment longue pour offrir sur cette période la réalisation de la performance attendue.

Dans tous les cas, les conditions de fonctionnement spécifiques de chaque produit structuré seront toujours clairement définies dans un prospectus détaillé de l'offre, à signer au moment de la souscription du produit. Il faut bien sûr être très attentif car chaque détail a son importance, comme nous l'avons déjà vu au chapitre précédent.

7

Les différentes catégories de produits structurés

Jusqu'à présent nous avons abordé les produits structurés au travers de leurs caractéristiques communes. Sans rentrer dans trop de détails techniques, nous avons montré qu'ils offraient un très grand choix de possibilité de montages de par la souplesse de leur construction. Si tout cela est parfaitement juste, on peut néanmoins classifier ces produits en grandes familles elles-mêmes se décomposant en sous-catégories de solutions.

Attention, pour la suite de notre propos même si nous avons fait un effort pédagogique particulier pour décrire le plus clairement possible ces différentes catégories, ce chapitre se présente comme particulièrement technique. Aussi, pour les lecteurs les plus réfractaires à décortiquer les mécaniques financières de fonctionnement des diverses catégories de produits structurés, nous vous invitons à vous rendre directement à la section « Solutions typiques couramment disponibles sur le marché » pour reprendre la lecture d'un contenu plus didactique.

Si vous êtes toujours parmi nous, sachez pour débuter qu'il existe d'abord deux critères discriminants qui sont assez simples à comprendre. Nous les avons déjà assez largement abordés dans les chapitres précédents :

- *l'espérance de gain* est le pourcentage de hausse que vous souhaitez obtenir pour votre investissement ;

- *le risque* que vous êtes prêt à prendre est la perte que vous acceptez d'assumer sur votre capital.

Ces deux paramètres, une fois intégrés à une matrice, permettent de distinguer quatre grandes catégories de solutions.

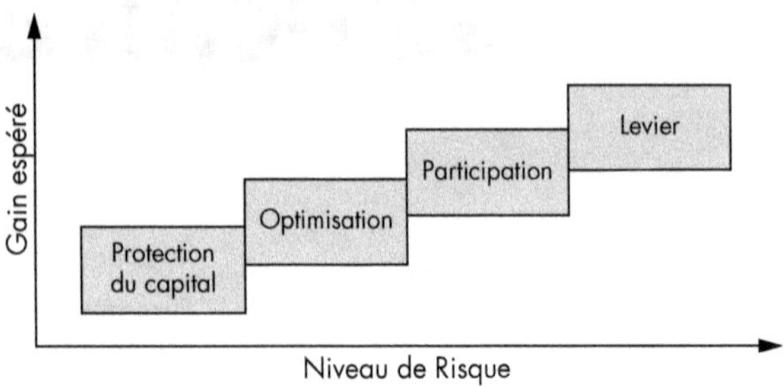

Figure 23 – Gains *versus* risques

Quelle est la tendance générale pour les placements structurés ?

La situation actuelle sur les marchés se caractérise par la prépondérance de taux bas associés à une volatilité elle-même assez basse. Il en résulte que le niveau de rémunération des offres à capital 100 % garanti a sensiblement baissé ces dernières années. Elles ne sont donc plus suffisamment attractives pour justifier une décision d'investissement. D'ailleurs, les émetteurs ne s'y sont pas trompés puisque les offres à capital garanti ne représentent à ce jour que quelques pourcents des nouvelles solutions proposées sur le marché. Ces dernières années, on a donc assisté à un transfert des offres qui se sont ainsi progressivement orientées vers une proposition de « protection » du capital jusqu'à un certain niveau de baisse du sous-jacent de référence à l'échéance. Ainsi les « fonds à formule » se sont métamorphosés en « produits structurés », comme nous vous l'avons expliqué dans le chapitre 2.

Cette modification de l'environnement a également eu d'autres conséquences. S'il était encore possible de proposer il y a quelques années des offres avec des rémunérations annuelles de 12 %, on en trouve désormais beaucoup plus sur la base d'une rémunération annuelle autour de 8 %. Enfin, les niveaux de protection proposés ont eu tendance à redescendre également de plus en plus souvent autour de 30 % plutôt que sur 40 %.

Regardons à présent de façon détaillée le principe de fonctionnement de chacune des quatre catégories de produits structurés.

LES PRODUITS À PROTECTION DU CAPITAL

Ces produits regroupent toutes les solutions dont le capital à échéance est 100 % garanti tout en bénéficiant d'une partie de la performance du sous-jacent. Dans la mesure où l'investisseur ne prend pratiquement aucun risque (hormis le risque émetteur que nous développerons dans le chapitre 8), le rendement espéré est également peu élevé. Le plus souvent ces produits sont basés sur des sous-jacents peu volatiles comme de gros paniers de valeurs, un indice important ou encore un panier d'indices. La performance attendue est donc à comparer à d'autres solutions qui présentent un profil risque/rendement comparable, comme des obligations.

On intègre également dans cette catégorie tous les autres produits dont le niveau de protection est au moins de 90 %. En effet, pour optimiser la performance attendue, l'émetteur conserve souvent une légère part d'incertitude qui n'altère que peu le risque pris par l'investisseur.

Produits de protection avec participation

Au-delà du remboursement garanti, les produits de protection du capital offrent une participation aux gains de cours du sous-jacent sans plafonnement. Toutefois, pour « payer » cette garantie, le taux de participation est en principe inférieur à celui d'un placement direct dans le sous-jacent. Il existe une exception : les solutions basées sur des indices de cours pour lesquels l'émetteur peut financer une partie de la garantie grâce aux dividendes distribués par les actions qui composent cet indice.

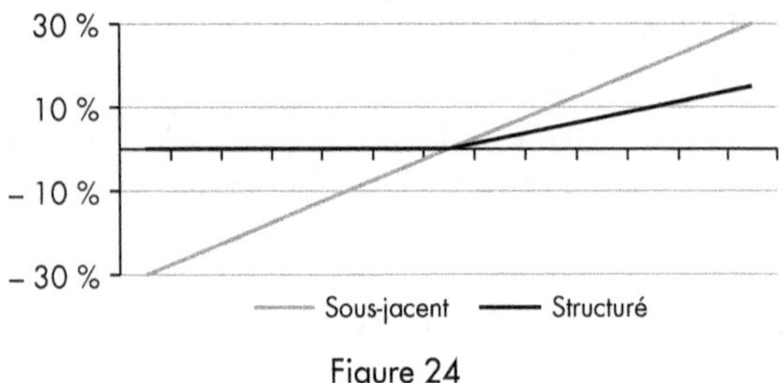

Figure 24

Le graphique ci-dessus illustre ce type de solutions. Si l'investisseur conserve son produit jusqu'à l'échéance, il obtient au minimum le remboursement du prix d'émission même si le sous-jacent est descendu en deçà de son niveau initial. Par ailleurs, l'investisseur récupère uniquement une partie des gains du sous-jacent. Ainsi, si le sous-jacent s'est apprécié de 30 % sur la période, le produit structuré n'aura pris quant à lui que 15 % sur la même période.

Certificats échangeables

Comme pour le cas précédent, le produit est garanti à hauteur de la protection du capital. Toutefois, l'investisseur profite totalement des gains du sous-jacent car à son échéance le produit est converti dans ce sous-jacent. Il existe simplement une prime de conversion (frais de conversion) qui est déterminée dès le début de la souscription et qui empêche de répliquer dans son intégralité la hausse du sous-jacent.

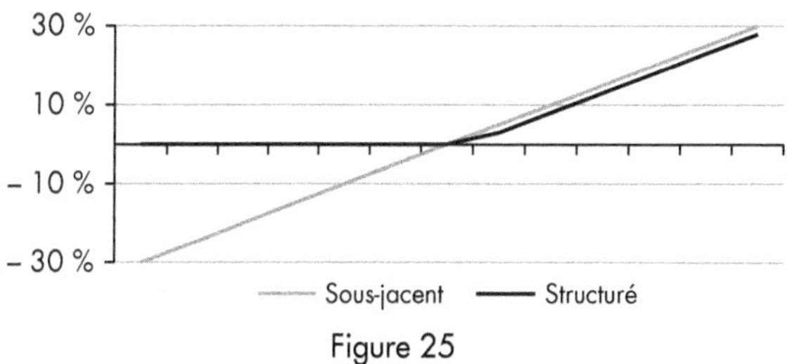

Figure 25

Produit de protection avec coupons

Il s'agit d'une variante de solutions déjà vues en termes de garanties mais avec un paiement des intérêts qui se fait par l'intermédiaire de coupons payés pendant toute la durée de vie du produit. Les dates sont quant à elles déterminées au moment de la souscription. Le montant de ces paiements est dépendant de l'évolution du sous-jacent.

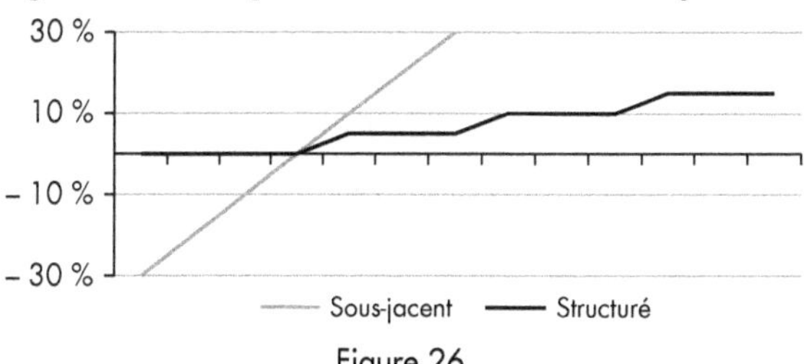

Figure 26

Produit de protection avec barrière désactivante (« knock-out »)

Il existe encore une légère variante de produit dans laquelle l'investisseur participe intégralement à la hausse du sous-jacent jusqu'à un certain cours. Le franchissement de ce seuil fait ensuite expirer l'option et donne la performance. L'option devient alors sans valeur et il n'y a plus de participation aux gains de cours.

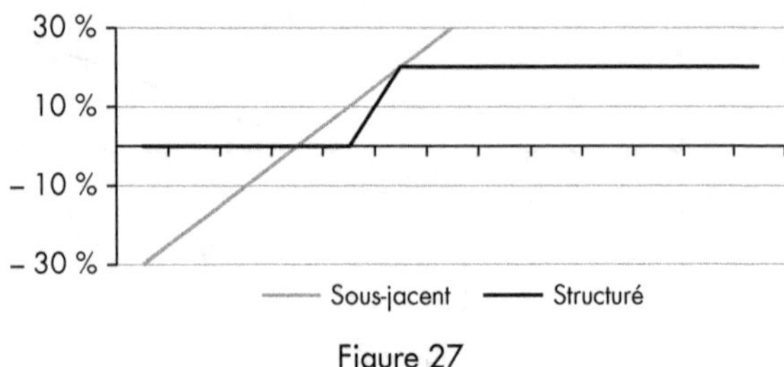

Figure 27

OPTIMISATION DE PERFORMANCE

Les solutions dites « à optimisation de performance » sont celles dont le remboursement du capital à l'échéance est la réplication totale du sous-jacent en cas de baisse à un niveau très éloigné de sa valeur d'origine. Inversement, en cas de hausse de celui-ci, la participation à la performance positive est le plus souvent limitée.

En contrepartie d'un risque plus important pris par l'investisseur, le rendement espéré est lui aussi plus élevé. Il existe un certain nombre de variantes que nous détaillons plus spécifiquement.

Certificats « discount »

Les certificats « discount » tiennent leur nom du fait qu'ils permettent d'acheter un sous-jacent avec un rabais (« discount »). Par conséquent, l'investisseur obtient ce certificat à un prix remisé par rapport au cours actuel du sous-jacent. En contrepartie, le gain maximal possible est limité à un plafond déterminé (« cap »). Plus le rabais est important, plus le plafond gain est bas. Les certificats discount sont généralement dotés d'une durée de vie relativement courte de moins de 4 ans.

À l'échéance du produit structuré, on évalue le niveau du sous-jacent. Voici un exemple pour illustrer le mécanisme : l'action Total cote 46 € et un certificat à 43 € est émis avec un « cap » à 50 €.

Premier cas

Si son cours est supérieur ou égal à l'objectif fixé au moment de la souscription, l'investisseur reçoit le rendement maximal prévu mais celui-ci est bien entendu plafonné.

Le cours du sous-jacent clôture à son échéance à 48 €. Le sous-jacent a eu une performance de $(48 - 46)/46 = 4,34\ \%$, tandis que le détenteur d'un certificat discount bénéficie d'une performance de $(48 - 43)/43 = 11,62\ \%$.

Deuxième cas

Si son cours est légèrement inférieur au niveau fixé, l'investisseur retrouve en principe son dépôt.

Le cours du sous-jacent clôture à son échéance à 45 €. Le sous-jacent a eu une performance de $(45 - 46)/46 = -2,17\ \%$, tandis que le détenteur d'un certificat discount bénéficie d'une performance de $(45 - 43)/43 = 4,65\ \%$.

Troisième cas

Si son cours a baissé au point d'« épuiser » le rabais qui représente donc un filet de sécurité contre les pertes de cours du sous-jacent, l'investisseur subira une perte mais qui sera toujours inférieure à celle occasionnée par un investissement direct.

Le cours du sous-jacent clôture à 40 €, ce qui correspond à une baisse de $(40 - 46)/46 = - 8{,}69\ \%$ observée sur le sous-jacent ; le détenteur d'un certificat discount subira une baisse de $(40 - 43)/43 = - 6{,}97\ \%$.

Ces produits sont particulièrement indiqués lorsqu'on anticipe une stagnation ou une hausse modérée des marchés. C'est l'émetteur du produit qui fait le réglage du « cap » en fonction de sa vision de l'évolution du marché.

Il existe une forme secondaire de certificats discount dits « sans fin », c'est-à-dire sans limitation de durée. Le capital est réinvesti à intervalles réguliers (une fois par mois en principe) dans de nouveaux certificats discount. Dans la mesure où les certificats discount réalisent généralement les gains les plus importants dans les dernières semaines de leur durée de vie, l'investissement est optimisé et permet des gains réguliers sans avoir à changer en permanence de certificat. Toutefois, en cas de retournement de marché, les bénéfices accumulés sur une longue période peuvent rapidement disparaître.

Certificats « barrier discount »

Dans ce cas aussi, le placement est effectué de façon indirecte dans un sous-jacent à un prix moins élevé que son cours réel. On parle d'« escompte » parce que le prix du certificat est inférieur au cours effectif de l'action ou de l'indice. Les certificats « barrier discount » titrisent le sous-jacent. Un investissement dans un certificat barrier discount bénéficie également d'une protection du capital conditionnelle qui le protège dans le cas où le sous-jacent s'orienterait à la baisse. Avec ce type de placement, le risque de perte est donc moindre qu'avec un investissement direct.

Il existe un seuil prédéterminé qui, tant qu'il n'est pas atteint, permet à l'investisseur d'obtenir un gain identique à celui du sous-jacent et de bénéficier du maximum de sa performance. En revanche, dès que ce seuil est atteint, alors la performance du sous-jacent va stagner mais ne changera plus tant que le sous-jacent reste positif. En revanche, dans le cas inverse, si à l'échéance le sous-jacent retourne sous son cours d'origine, le certificat répliquera cette performance négative.

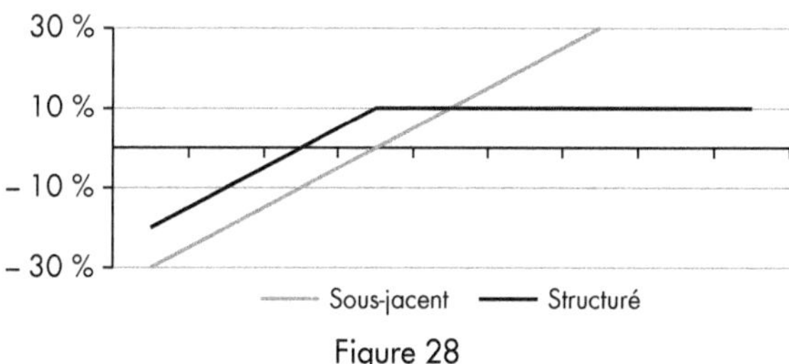

Figure 28

Le certificat barrier discount convient pour anticiper une certaine stagnation ou une légère hausse du sous-jacent à l'échéance du produit. L'investisseur n'achètera donc ce type de produit que s'il a la conviction que l'action ou l'indice sous-jacent ne touchera jamais la barrière.

« Reverse convertibles » et « barrier reverse convertibles »

Autre variante des produits dits d'optimisation, les « reverse convertibles » sont également adaptés aux sous-jacents stagnants ou en faible hausse. Ils sont assez proches des certificats discount mais offrent à l'investisseur la possibilité de recevoir des coupons très au-delà de ce qui se pratique sur le marché obligataire, et ce tout au long de la durée de vie du produit. Toutefois, le risque est là encore supérieur puisque la valeur à l'échéance du produit n'est pas garantie.

Certificats « express »

Les certificats « express » sont une famille importante car couramment proposée sur le marché pour les investisseurs particuliers. Dotés d'une durée de vie de l'ordre de 3 à 6 ans, ils bénéficient d'une ou plusieurs dates de constatation annuelle qui les rend potentiellement remboursables de façon anticipée pour peu que l'objectif de cours du sous-jacent soit atteint à cette date de constatation. Les rendements annuels sont généralement élevés puisque compris entre 5 % et 9 % bruts par an. Dans le cas de non-atteinte de l'objectif à la date de constatation, le certificat continue à courir jusqu'à la date de constatation suivante. Si à l'échéance du produit le seuil nécessaire n'a jamais été atteint, l'investisseur est remboursé du prix nominal (hors frais de gestion) sauf si le sous-jacent est descendu en deçà d'un seuil de sécurité défini. Dans ce cas, l'investisseur est susceptible de subir une perte à l'échéance.

LES PRODUITS DE PARTICIPATION

Les produits de participation englobent les produits structurés pour lesquels le remboursement du capital à l'échéance est peu garanti et qui incluent une participation à la performance positive, parfois même avec un levier.

Comme le risque est important, le rendement proposé est généralement lui aussi élevé.

Les produits de participation répliquent en totalité la performance du sous-jacent en cas de performance favorable, ou garantissent un minimum de performance dans les cas défavorables.

Certificats « tracker »

Les certificats « tracker » sont des produits assez simples dans leur mode de fonctionnement. Ils sont en principe utilisés pour anticiper une hausse notable des cours d'un marché ou d'un secteur d'activité dans son ensemble. Généralement, ils se contentent de répliquer à l'identique l'évolution de leur sous-jacent. Celui-ci est le plus souvent basé sur un ou plusieurs gros indices du marché qui permettent de tirer parti d'une hausse globale tout en limitant l'exposition à une valeur en particulier.

Ils permettent également d'investir indirectement sur des marchés dits « exotiques » sur lesquels les investisseurs privés ne peuvent en principe pas aller de façon directe.

Lors de la souscription de ces produits, au-delà du sous-jacent il faut également être attentif à la devise dans laquelle est libellé le certificat car il peut être sensible au risque de change. En effet, les taux de change varient en permanence et ceci a donc un impact sur la valorisation du sous-jacent.

Enfin, il faut prendre le temps de bien comprendre le type de certificat sur lequel vous investissez car il en existe de plusieurs sortes :

- les certificats basés sur un indice de cours suivent exactement l'évolution du cours du sous-jacent et donc également les baisses de cours induites par le versement des dividendes ;

- les certificats basés sur un indice de performance permettent d'intégrer tous les dividendes et revenus attachés aux droits de souscription dans la valorisation de l'indice.

Il existe une variante des certificats tracker, les certificats « tracker bear », qui fonctionnent comme les autres mais de façon inversée : si le sous-jacent augmente ils baissent, et réciproquement. Ils permettent à l'investisseur de se positionner sur des marchés ou des indices qu'il estime en baisse à court ou moyen terme.

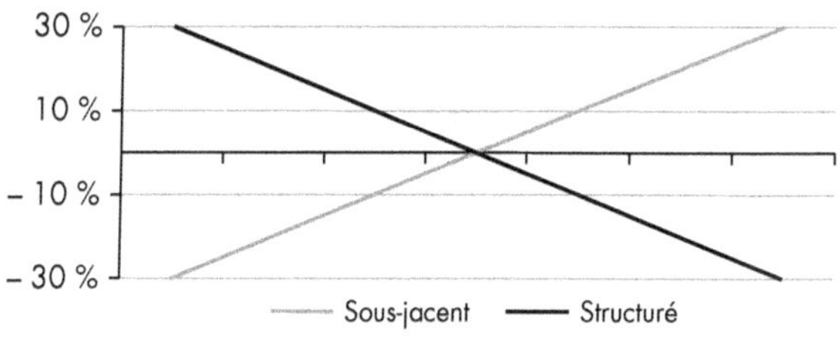

Figure 29

Certificats « out performance »

Ce type des certificats s'adresse uniquement aux investisseurs qui prévoient une hausse des cours du sous-jacent.

Ils offrent à l'investisseur la possibilité de participer à la hausse du sous-jacent de façon plus que proportionnelle au-delà d'un seuil de cours déterminé à l'avance. Ces produits sont dotés d'un prix d'exercice et d'un taux de participation. Ce taux de participation ne s'applique qu'au-delà du prix d'exercice et s'établit généralement dans une fourchette comprise entre 120 % et 200 % du prix d'exercice, selon l'échéance et le sous-jacent. En contrepartie, l'investisseur renonce à recevoir les dividendes éventuels générés par le sous-jacent. Les investisseurs doivent être très attentifs au moment où ils font l'acquisition de ce type de produits structurés, car l'effet de levier joue dans les deux sens. S'ils l'ont acheté au plus haut en cas de baisse de la valeur du sous-jacent, la baisse du certificat est elle aussi plus que proportionnelle.

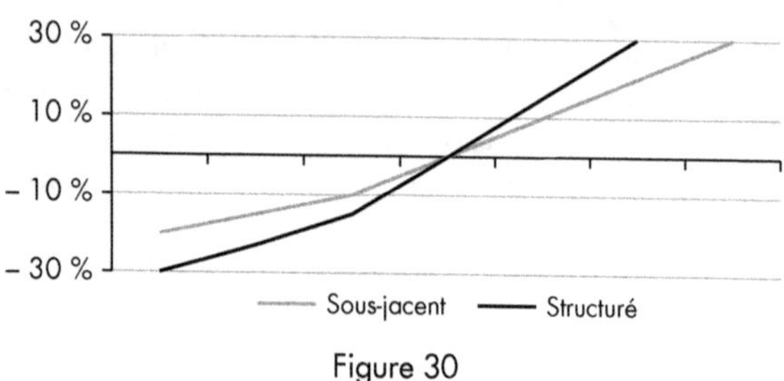

Figure 30

Certificats « bonus »

Les certificats « bonus » sont à nouveau une variante des solutions dites « à participation ». Ces produits ont une durée de vie relativement courte, souvent entre 2 et 4 ans.

Ils offrent une garantie d'un niveau de remboursement défini (« bonus-level ») à la condition que le sous-jacent n'enfonce jamais un seuil de cours déterminé (« seuil de sécurité ») pendant la durée de vie du produit. Le principal avantage proposé est que le remboursement maximum n'est pas plafonné : tant que le cours du sous-jacent dépasse le bonus-level, l'investisseur continue à bénéficier de sa hausse. Cela peut s'avérer être une solution particulièrement rentable avec une prise de risque acceptable. Toutefois, le franchissement du seuil de sécurité entraîne la suppression immédiate du mécanisme de protection du certificat bonus : à l'échéance finale, l'investisseur se retrouve dans la même situation que s'il avait investi directement dans le sous-jacent. Le certificat devient alors un certificat tracker.

Si, après avoir baissé sous le seuil de sécurité, le cours du sous-jacent remonte, l'investisseur pourra pleinement continuer à bénéficier des gains mais la garantie d'un versement du bonus-level est annulée et ne sera pas réactivée par cette hausse de cours.

Dans tous les cas, la valorisation du certificat est extrêmement sensible aux mouvements proches du seuil de la protection proposée dans le cadre du produit.

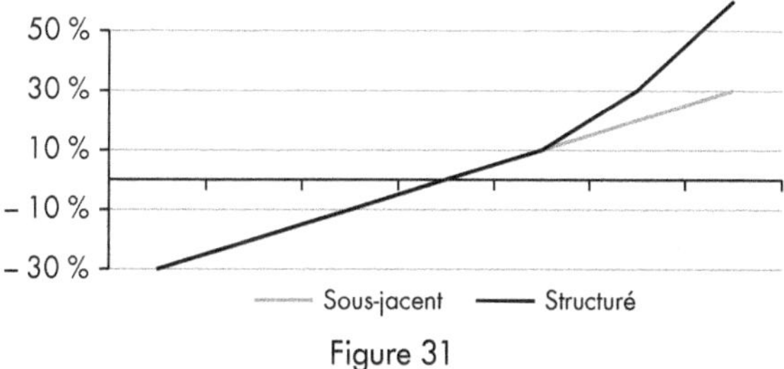

Figure 31

Certificats « out performance bonus »

Ces certificats ont pour objectif de combiner les atouts d'un certificat « out performance » et ceux d'un certificat « bonus ». L'investisseur est ainsi protégé contre la baisse par un bonus-level (certificat bonus) mais conserve également la possibilité de participer de manière plus que proportionnelle à la hausse (certificat out performance). Pour permettre cette combinaison, les caractéristiques assemblées de ces deux produits sont évidemment moins marquées que celles de leur version classique individuelle.

Certificats « twin win »

Les certificats « twin win » conviennent aux investisseurs qui estiment que le sous-jacent sur lequel ils vont investir a de grandes chances de gain.

Avec ce produit, l'investisseur dégage un rendement même si la performance du sous-jacent baisse légèrement. Ceci est rendu possible grâce à un mécanisme de sécurité prévu à cet effet, que l'on nomme « barrier-level ».

Dans le cas d'une progression du sous-jacent comme prévu, le certificat, grâce au levier incorporé, profite des gains de manière plus que proportionnelle et illimitée.

Évidemment, en cas de baisse, le mécanisme ne fonctionne que jusqu'à un certain niveau, à condition toutefois que le cours ne franchisse jamais la barrière préalablement définie, jusqu'à l'échéance du produit. Si cette barrière n'est effectivement jamais franchie, l'investisseur reçoit en gain le montant de la perte enregistrée par le sous-jacent par rapport au niveau d'émission.

Toutefois, s'il arrive que le cours du sous-jacent chute en-dessous de la limite prédéfinie, l'investisseur ne profitera plus jamais de l'évolution de celui-ci sur le même trend. Aussi dès lors, le détenteur du certificat supportera chaque baisse du sous-jacent. En revanche, à chaque hausse, le produit évoluera toujours moins bien que son sous-jacent.

PRODUITS À LEVIER

Les produits à levier concernent toutes les solutions qui comprennent les trois caractéristiques essentielles suivantes :

- un remboursement du capital non garanti, sauf à disposer d'un produit spécifique disposant d'une « barrière » (« stop loss » ou « knock-out »), sur laquelle nous reviendrons un peu plus loin ;
- une participation à la performance du sous-jacent supérieure à 100 % avec parfois des facteurs × 10 ;
- une perte limitée à l'investissement initial.

L'intérêt de ce type de solution est de pouvoir engager peu de capital tout en ayant une forte sensibilité à la performance du sous-jacent, avec certes un risque maximum mais un gain dans les mêmes proportions.

Les produits à levier sont très complexes à comprendre et disposent de plusieurs variantes. Ils ne doivent pas être utilisés par des investisseurs non avertis.

La première distinction sur les produits à levier est donc la notion d'existence ou non de « knock-out ».

De façon théorique, cette notion est relativement simple à comprendre : il s'agit d'une barrière (c'est-à-dire un niveau de cours du sous-jacent) qui, si elle est atteinte pendant la durée de vie du produit, désactive certaines caractéristiques notamment en termes de gains pour l'investisseur.

Les produits à levier sans « knock-out »

Warrants ordinaires

Nous avons déjà longuement expliqué la notion de « warrant » dans le chapitre précédent, nous n'y reviendrons donc pas. Sachez cependant que ces produits ont un double statut. Ils peuvent à la fois être considérés comme des produits structurés en tant que tels s'ils sont utilisés seuls, mais ils peuvent aussi servir de composante optionnelle pour d'autres catégories de produits structurés, comme ceux que nous avons justement décrits dans le chapitre précédent.

Certificats avec « constant levier »

Cette solution offre la possibilité de miser sur des cours haussiers ou baissiers avec un effet de levier. Le levier sélectionné est constant et fonctionne sur une base journalière, ce qui garantit une participation amplifiée aux fluctuations du sous-jacent. Contrairement à d'autres solutions à levier, ce type de certificats avec constant levier n'est assorti d'aucun seuil de knock-out.

La volatilité du sous-jacent n'a aucune incidence sur leur prix, ce sont les variations successives dans la même direction qui ont un impact. Par ailleurs, les produits ont une durée de validité illimitée et ne sont pas soumis à la perte liée à la valeur du temps qui s'écoule.

Parmi les principaux avantages de cette solution, on peut citer :

- un mode de fonctionnement simple ;

- une participation sur proportionnelle à un facteur fixe ;

- la transparence du mécanisme de fixation du prix ;

- pas d'influence de la volatilité ;

- pas de limitation de durée.

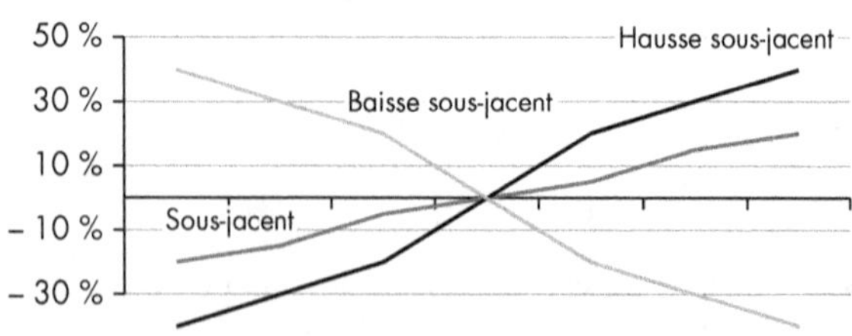

Figure 32

Les produits à levier avec « knock-out »

Knock-out warrants

Les « knock-out warrants » présentent quelques particularités par rapport aux warrants dits « ordinaires » :

- ils peuvent arriver prématurément à échéance lorsque le cours du sous-jacent descend en dessous d'un seuil déterminé (« knock-out calls ») ou le dépasse (« knock-out puts »). Suivant la structure du produit, soit ils perdent toute valeur soit une valeur résiduelle est remboursée ;

- ils ne sont guère influencés par la volatilité. La fixation du prix est donc plus simple à comprendre pour l'investisseur ;

- ils présentent une valeur temps faible, voire nulle, et possèdent un effet de levier plus important que les warrants de structure comparable ;

- la possibilité de knock-out et l'effet de levier plus important rendent les knock-out warrants plus risqués que les warrants comparables.

On distingue deux types de knock-out warrants :

- les knock-out warrants sans seuil « stop loss » : pour ces produits, le cours de base et la barrière knock-out sont identiques ;

- les knock-out warrants avec seuil « stop loss » : pour ces produits, la barrière knock-out est supérieure (« calls ») ou inférieure (« puts ») au cours de base. Lorsque ce seuil est franchi, le produit arrive prématurément à échéance et l'investisseur est en principe remboursé de la valeur résiduelle. Étant donné que la barrière knock-out agit comme un « stop order », elle est la plupart du temps appelée « barrière stop loss ».

Au moment de l'émission, la plupart des knock-out warrants possèdent une valeur résiduelle allant de quelques semaines à quelques mois. Cependant, certains d'entre eux ont une durée illimitée. Ils arrivent à échéance dès que le sous-jacent atteint ou franchit la barrière stop loss. Leur prix correspond donc toujours à leur valeur intrinsèque. Étant donné que les intérêts portés en compte pour la couverture de l'émetteur ou les intérêts encaissés pour la position de couverture s'appliquent également aux produits à durée illimitée, le cours de base (niveau de financement) est ajusté à intervalles réguliers, si bien que la valeur intrinsèque évolue en conséquence. Attention : si le titre est détenu sur une longue période, la valeur intrinsèque peut diminuer lorsque le cours du sous-jacent stagne.

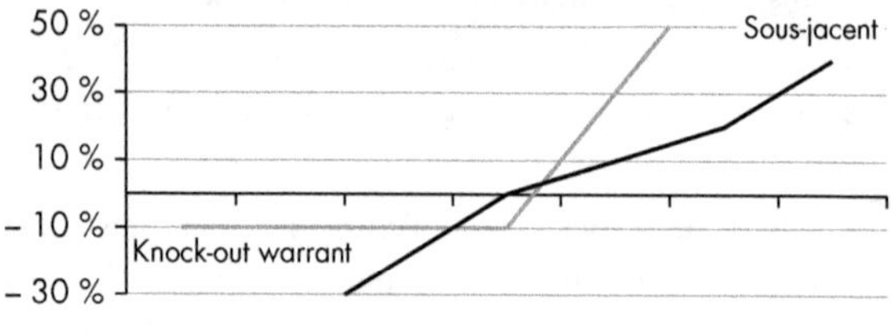

Figure 33

Mini-futures

Ces produits sont globalement assez proches des knock-out warrants et existent comme eux en version « call » ou en version « put ». Ce sont des produits dont la durée de vie est illimitée. Lorsque la barrière knock-out est atteinte ou franchie, le produit arrive à échéance et est liquidé par l'émetteur. L'investisseur touche alors la valeur résiduelle.

Parmi les principaux avantages de cette solution, on peut citer :

* un mode de fonctionnement simple ;

* un gain supérieur à celui du sous-jacent ;

* la transparence du mécanisme de fixation du prix ;

- pas d'influence de la volatilité ;
- pas de limitation de durée.

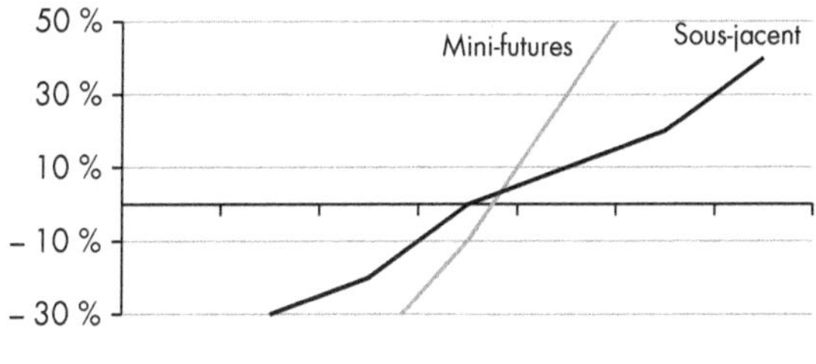

Figure 34

CERTIFICATS AVEC DÉBITEUR(S) DE RÉFÉRENCE (CLN)

Cette catégorie de produits est assez différente de toutes celles que nous avons abordées jusqu'à présent. En effet, les solutions proposées ici sont les seules à s'appuyer non pas sur un sous-jacent de type action ou une valeur d'actifs mais sur un sous-jacent de type obligataire, c'est-à-dire une dette émise par un ou plusieurs tiers qui peuvent être des entreprises ou des États.

D'un point de vue technique, ces solutions ont pour nom CLN (*Credit Link Note*) ou « obligations synthétiques ».

L'investisseur est directement exposé au risque d'événement de crédit de l'entité ou des entités référentes sur lesquelles s'appuie la solution. Le risque du produit dépend donc directement de la capacité du débiteur de référence à honorer ses engagements.

Le tableau suivant vous montre qu'il existe trois sortes distinctes d'événements de crédit qui répondent chacun à des caractéristiques spécifiques

Faillite de l'entité de référence	Défaut de paiement	Restructuration
Elle se caractérise par tout document, déclaration, action ou décision juridique ou administrative confirmant que l'emprunteur est dans l'impossibilité de payer sa dette selon les échéances prévues. Elle peut aussi se caractériser par la décision de dissolution, de liquidation ou dépôt de bilan de l'entreprise par ses organes de gouvernance. Les rachats par un tiers (absorptions) ne sont pas considérés comme des faillites.	Il correspond au non-paiement par l'emprunteur d'un montant minimal de 1 million de dollars ou son équivalent aux dates d'exigibilité prévue, après l'expiration des délais de grâce prévus contractuellement.	Il s'agit de tous les moyens utilisés dans le cadre d'une réduction de la charge de la dette : taux, montant des intérêts, montant du coupon, nombre d'échéances prévues initialement, date de remboursement, changement de la devise de référence pour un montant d'au moins 10 millions de dollars ou équivalent. Attention : cette règle ne s'applique que lorsqu'elle est la conséquence d'une augmentation du risque de crédit ou d'une détérioration de la situation financière de l'emprunteur.

Dès lors, le choix de l'emprunteur de référence auquel le produit structuré sera associé est un facteur prépondérant dans la décision d'investir. L'évaluation de ce risque permettra d'évaluer les chances de bon remboursement du produit structuré.

Comprenez que si un événement de crédit survenait, le produit pourrait arriver prématurément à échéance et perdre tout ou partie de sa valeur.

Le principe de précaution consiste donc à répartir ses risques de défaut en diversifiant dans son portefeuille à la fois le nombre de produits et de débiteurs car sinon l'effet négatif d'un seul défaut peut être important.

Il existe un très grand nombre de solutions basées sur des débiteurs de référence très variés.

Dans tous les cas il faut également être conscient que toute situation peut en permanence évoluer. Ainsi, la qualité de crédit d'un débiteur peut évoluer au cours de la durée de vie du produit, et cela peut avoir une influence directe sur la valorisation du titre.

S'agissant d'une dette, plus la maturité du produit est longue et plus les débiteurs sont considérés comme fragiles, offrant en contrepartie l'espoir d'un rendement plus important.

Prenons un exemple pour illustrer ce type de solutions : un produit structuré est proposé à un prix de part à 1 000 € pour un rendement annuel brut espéré de 5 % payés annuellement sous forme de coupons pendant 5 ans. Il est composé de la dette de huit sociétés de référence. Chaque valeur représente à part égale 1/8 de la valeur, soit 12,5 % et 1/8 du coupon à 5 %, soit 0,625 % par an.

Le tableau suivant indique les conséquences du défaut successif des débiteurs sur le coupon versé annuellement et sur le taux de remboursement à l'échéance des 5 ans.

Nombre d'événements de crédit	Coupon payé chaque année	Pourcentage de remboursement de la part à l'échéance
0	5,00 %	100,00 %
1	4,375 %	87,50 %
2	3,75 %	75,00 %
3	3,125 %	62,50 %
4	2,50 %	50,00 %
5	1,875 %	37,50 %
6	1,25 %	25,00 %
7	0,625 %	12,50 %
8	0 %	0 %

Dans cet exemple, un seul défaut suffit à réduire de 12,5 % le rendement du coupon annuel et le remboursement de la part à son échéance.

Vous l'aurez bien compris, plus le nombre de valeurs composant le panier est important, plus le risque est dilué.

SOLUTIONS TYPIQUES COURAMMENT DISPONIBLES SUR LE MARCHÉ

Lorsque l'on regarde de façon plus concrète les différentes solutions habituellement présentées sur le marché, distribuées soit par les grands réseaux des banques de gestion privées, soit par les CGPI, on s'aperçoit qu'il existe relativement peu de variantes de constructions de modèles.

Au-delà des CLN que nous venons d'évoquer, on retrouve généralement deux autres grandes familles de produits : les solutions dites « Athena » et les solutions dites « Phoenix ». Chacune d'elles existe en version « auto-callable » ou « non auto-callable », même si le « non callable » est de plus en plus rare de nos jours.

Derrière des termes qui peuvent apparaître comme barbares au premier abord se cachent en réalité des notions relativement simples par rapport à ce que vous avez déjà assimilé à ce stade de lecture de ce livre.

La notion d'« auto-callable »

Cette notion regroupe toutes les solutions qui sont remboursables selon des dates de constatation périodiques (quotidiennes à annuelles). Elles permettent donc, si l'objectif est atteint à la date de constatation intermédiaire, de rembourser le produit et le gain associé avant l'échéance finale. Nous avons déjà bien expliqué ce mécanisme dans le chapitre 4 consacré aux caractéristiques des produits structurés. Compte tenu des aléas du marché ces dernières années, la tendance actuelle des produits disponibles est à l'« auto-callable ». Sachez toutefois que cette option ne constitue pas une obligation de construction du produit structuré.

D'ailleurs, à caractéristiques identiques, un produit qui ne dispose pas de cette option sera en principe plus rémunérateur pour l'investisseur qu'un produit qui en dispose. C'est logique puisqu'il s'agit de rémunérer davantage un risque plus important.

Retenez à l'aide de ce tableau synthétique les éléments majeurs de ces deux variantes.

	Avantages	Inconvénients
Version auto-callable	Possibilité de remboursement du capital augmenté de sa rémunération à des dates fixées à l'avance, incluant les coupons même avec une hausse modérée du sous-jacent.	Plafonnement des gains : en cas de forte hausse du sous-jacent, le gain est limité à la rémunération annuelle définie contractuellement, multipliée par le nombre d'année de détention.
Version non auto-callable	Rémunération espérée plus attractive.	Incertitude plus forte quant au remboursement.

Les solutions dites « Athena »

Elles correspondent quant à elles à des produits dont les intérêts annuels « promis » ne sont pas détachés périodiquement mais sont valorisés dans le prix de la part selon le principe de l'effet mémoire dont nous avons également parlé dans le chapitre 5. Ces produits sont relativement volatiles, car quand le sous-jacent s'approche du seuil de déclenchement du gain, ils prennent rapidement de la valeur et inversement. À caractéristiques identiques, ils sont en principe plus rémunérateurs que les produits Phoenix présentés ci-dessous.

Les solutions dites « Phoenix »

Elles proposent des coupons qui sont détachés périodiquement, généralement une ou deux fois par an, jusqu'à un certain seuil de baisse du sous-jacent. Ces produits sont en principe moins volatiles que les produits de type Athena, car le gain se manifeste de façon plus régulière. Sachez aussi que dans l'hypothèse où un coupon ne serait pas versé une année pour cause de non-atteinte de l'objectif de cours du sous-jacent, l'effet mémoire dont nous avons déjà parlé s'appliquerait également.

8

Quels sont les atouts des produits structurés ?

À ce stade du livre, nous avons vu l'essentiel des éléments techniques qui caractérisent les produits structurés. Pour convaincre les derniers récalcitrants d'entre vous, nous vous proposons de prendre connaissance de cette synthèse non exhaustive récapitulant tous les avantages qu'ils peuvent vous procurer dans la gestion de vos actifs financiers.

LA POSSIBILITÉ D'INVESTIR SUR DES MARCHÉS HABITUELLEMENT RESTREINTS

Lorsque l'on évoque les produits structurés, le premier élément qui vient à l'esprit pour évaluer leur intérêt est leur possibilité de répondre aux besoins spécifiques de certains investisseurs. En effet, leur construction sur-mesure permet d'envisager des supports d'investissements introuvables avec l'usage d'instruments financiers standard (actions, obligations, placements monétaires).

Les produits structurés offrent ainsi la possibilité d'accéder à :

- de nouvelles classes d'actifs relativement restreintes pour la majorité des investisseurs (matières premières, actions émergentes, produits exotiques en tous genres…) ;
- des indices larges permettant une bonne diversification sans avoir à acheter toutes les composantes de l'indice ;
- des structures de rémunération particulières adaptées aux préférences des investisseurs selon leur profil et leurs attentes : capital garanti, rendement annuel élevé, fort potentiel de gain, anticipations sur les valeurs sous-jacentes, prise de risque limitée.

Ainsi, les produits structurés permettent à l'investisseur d'améliorer le profil de risque/rentabilité de son portefeuille sur l'ensemble de ses échéances de temps. Ils permettent également de profiter du potentiel de croissance de n'importe quel sous-jacent en réalisant des investissements tactiques y compris sur des marchés habituellement peu connus.

UN BON COMPLÉMENT POUR SES CONTRATS EN EUROS

Dans un contexte de baisse généralisée des rendements de l'ensemble des placements financiers, il semble assez logique d'utiliser d'autres supports tels que les produits structurés pour maintenir une rémunération satisfaisante. La prime de rendement obtenue face à d'autres placements leur confère un niveau de risque acceptable. La possibilité d'effectuer un dosage adapté à votre propension au risque est un véritable avantage. Rien ne vous interdit de n'y mettre que 20 % de vos fonds investis sur un contrat si vous êtes d'un naturel très prudent ou 50 % si vous êtes au contraire plus confiant dans l'évolution du marché.

UNE DURÉE DE DÉTENTION SOUPLE

La crainte de beaucoup d'épargnants lorsqu'ils décident d'investir réside essentiellement dans l'engagement de durée à prendre pour rendre optimal le fonctionnement du mécanisme du produit. Alors, s'il est vrai qu'il faut être capable d'envisager cette classe d'actifs dans une optique la plus longue possible, deux paramètres viennent limiter cette contrainte de temps :

- la généralisation des solutions « auto-call », comme nous l'avons déjà évoqué, permet à l'investisseur d'espérer une certaine souplesse dans la durée d'immobilisation puisqu'il y a toujours l'éventualité d'un remboursement automatique aux dates de constatation quand l'objectif fixé au sous-jacent est atteint ;

- la possibilité pour l'investisseur de revendre à n'importe quel moment les parts détenues, et ce même en l'absence d'une contrepartie autre que la banque émettrice. Attention toutefois aux conditions de marché pas toujours favorables, mais de ce côté-là, le principe est le même que pour tous les autres produits financiers comme les ETF ou d'autres types de fonds libellés en unités de compte.

UN PRODUIT CLAIR ET LISIBLE POUR MAÎTRISER LA VOLATILITÉ

Comme nous l'avons vu dans le premier chapitre, de nos jours les marchés évoluent très vite et sont de plus en plus volatiles. Dans ce contexte les produits structurés jouent un rôle de modérateurs face à l'exposition aux risques et aux importantes fluctuations. C'est en effet le principe même de ces solutions de prévoir, dès le départ, quel sera leur comportement en fonction des différents scénarios de marché.

Pour peu que l'on prenne le temps de comprendre la mécanique générale de fonctionnement des produits structurés, ceux-ci ont l'avantage d'offrir une parfaite visibilité du risque pris rapporté au gain espéré, et ce dès la souscription du produit. En effet, la réglementation très stricte impose un niveau de détail et d'explication qu'aucun autre support financier ne propose sur le marché.

Vous allez ainsi appréhender au plus juste ce qui peut arriver à votre placement jusqu'à son échéance. Enfin, une fois que vous aurez investi, vous n'aurez plus à vous occuper de la gestion du produit.

UN LARGE CHOIX DE VALEURS DE RÉFÉRENCE

Ces dernières années, le régulateur a imposé aux émetteurs d'émettre des solutions à destination du grand public plus simples que par le passé. Cette simplification se manifeste autant dans la nature des outils financiers mis en œuvre pour construire les produits que dans les types de sous-jacents utilisés. Malgré ces contraintes, il existe encore suffisamment d'outils disponibles et de marchés accessibles pour permettre la réalisation de montages intéressants. Les combinaisons possibles proposées par les opérateurs restent pour l'heure toujours un très large éventail de combinaisons pertinentes pour obtenir la performance souhaitée.

À ce jour aucune autre solution financière n'offre la possibilité à un épargnant de faire des choix d'investissements en fonction de ses propres convictions tout en maîtrisant le risque.

UNE PERFORMANCE PROTÉGÉE MÊME EN CAS DE BAISSE DES MARCHÉS

On ne le redira jamais assez, l'un des principaux avantages de cette classe d'actifs est d'offrir la possibilité de protéger partiellement ou totalement sa performance même en cas de baisse importante du marché, et ce pendant toute la durée de vie du produit.

Certains produits vont même proposer de vous garantir un rendement minimum de l'ordre de 3 % annuel (soit plus que les fonds euros) et ce même en cas de baisse modérée du sous-jacent à l'échéance du produit. Ce facteur peut être déterminant dans une stratégie patrimoniale de long terme qui vise à réaliser des arbitrages entre produits risqués et peu risqués. Pour offrir une telle garantie, le gérant du produit utilise des techniques de compensation entre les différentes options acquises dans le cadre de la construction du produit.

UNE ALTERNATIVE ÉGALEMENT AUX UNITÉS DE COMPTE CLASSIQUES

Le profil atypique des produits structurés permet de les envisager à la fois comme une alternative aux fonds euros mais également aux unités de compte traditionnelles telles que vous les connaissiez jusqu'à aujourd'hui. Rappelons que la connaissance des différents scénarios en fonction de la volatilité du sous-jacent rend ces produits beaucoup plus prédictibles en termes de performances que les OPCVM classiques. Ils n'offrent en effet de leur côté aucune protection et ont une performance très proche de celle de leurs sous-jacents. Cette meilleure maîtrise du comportement du produit par rapport à celui du marché est un facteur qui devrait rassurer les moins avertis et les plus perplexes d'entre vous.

LOGER SES AVOIRS DANS UNE ASSURANCE VIE

Les produits structurés sont parfaitement adaptés à un mode de détention au travers de l'assurance vie. C'est même par ce biais que l'essentiel des avoirs sont actuellement détenus en France. Il s'agit bien d'un élément de nature à démystifier cette classe d'actifs considérée à tort comme trop élitiste puisque les assureurs l'ont déjà adoptée depuis de nombreuses années. Vous pouvez sans aucune difficulté intégrer à votre allocation d'actifs en assurance vie une proportion plus ou moins importante de fonds structurés en complément d'autres actifs pour doper votre performance. Certains CGPI vous laissent même la possibilité de le faire vous-même en ligne sans aucune intervention d'un tiers.

Cet élément devrait vous rassurer puisque l'assurance vie est par définition un produit patrimonial sérieux particulièrement réglementé qui s'envisage dans une approche à long terme.

RYTHMER SES INVESTISSEMENTS, SES MONTANTS, SES HORIZONS DE PLACEMENT

Ce point est souvent oublié dans les arguments en faveur des produits structurés mais il est pourtant fondamental : il s'agit de la souplesse de l'investissement et de son montant.

Par exemple, si vous souhaitez investir dans l'immobilier de façon directe, vous devez :

- disposer de grosses sommes ;

- peut-être souscrire un crédit ;

- fournir un grand nombre de papiers pour l'obtenir ;

- trouver le bien que vous voulez ;

- acheter au bon prix ;

- payer des frais de notaire ;

- attendre les délais de mutation ;

- peut-être réaliser des travaux ;

- trouver le bon locataire.

Et si vous souhaitez investir dans l'immobilier de façon indirecte en acquérant par exemple des parts de SCPI (parts de société dans le domaine de l'immobilier), vous devez :

- souvent attendre les augmentations de capital ;

- acheter des parts dont le montant est déjà fixé à l'avance ;

- payer des frais de souscription ;

- attendre généralement 3 mois pour commencer à percevoir vos premiers revenus.

Bref, tout cela est bien compliqué !

Depuis quelques années, l'accès à des solutions structurées pour le grand public s'est accéléré. Beaucoup d'assureurs « hébergent » ces solutions qui peuvent être souscrites dès 1 000 € comme n'importe quel autre produit en unités de compte. La détention effective du produit est obtenue en 3 ou 4 jours.

Vous pouvez accéder à ces solutions sans avoir forcément un profil patrimonial important. Par ailleurs, il n'est pas nécessaire de concentrer le risque puisque ce faible ticket d'entrée vous permet de diversifier au maximum.

Puisque l'investissement est souple, vous choisissez aussi le rythme de vos investissements. Ainsi, si un mois vous n'avez pas beaucoup de liquidités disponibles, vous n'investissez pas et au contraire, si le mois suivant vous avez de bonnes rentrées, vous pouvez alors investir davantage et autant que vous le voulez. Vu le nombre de produits structurés lancés chaque mois, quel que soit le moment où vous investissez, vous trouverez toujours celui qui vous convient et qui est conforme à vos propres objectifs de placement.

LA POSSIBILITÉ DE GAGNER DANS TOUS LES SCÉNARIOS DE MARCHÉ

L'un des principaux avantages des produits structurés est leur capacité à permettre la matérialisation d'un gain dans la majorité des situations de marché selon différents scénarios.

Selon le contexte de marché anticipé par l'investisseur, il est possible de proposer différentes structures de produits répondant à ses attentes.

- *En cas de baisse :* un produit garantissant le versement de coupons réguliers tant que la baisse du cours du sous-jacent sur la période considérée n'a pas dépassé un certain seuil défini à l'avance.

- *En cas de stabilité :* un produit permettant de profiter d'un gain de X % par année écoulée depuis l'origine dès que le sous-jacent est stable ou en hausse lors de l'une des dates de constatation.

- *En cas de hausse :* un produit versant à l'échéance 100 % du capital initialement investi plus une indexation à la performance enregistrée par le sous-jacent.

DES FRAIS DE SOUSCRIPTION LIMITÉS

La pluparts des produits structurés sont construits sur le principe de frais relativement modestes comparés à d'autres solutions auxquelles vous pouvez souscrire. C'est en effet une différence majeure avec la souscription de fonds classiques en unités de compte. Car au-delà des frais facturés par votre établissement pour l'achat et la détention, il faut aussi ajouter ceux spécifiques à la construction de ces fonds qui peuvent être importants. Pour les parts de SCPI de rendement logées au sein d'une assurance vie, vous êtes soumis à la fois aux frais liés à ces produits et en plus à des frais spécifiques liés au contrat d'assurance vie lui-même.

Tous ces frais peuvent rapidement venir pénaliser le rendement espéré et remettre en question la pertinence de votre choix. Ce ne sera pas le cas en cas de souscription d'un produit structuré.

Nous reparlerons de façon plus détaillée de l'aspect rentabilité dans le prochain chapitre.

9

Quelle **rentabilité** **espérer** des produits structurés ?

Nous avons choisi de dédier un chapitre complet à la question de la rentabilité des produits structurés. En effet, il existe un certain nombre de paramètres à prendre en compte pour bien appréhender tous les tenants et les aboutissants de l'aspect rentabilité de ces solutions.

LE CADRE FISCAL

Commençons par nous remémorer les différents cadres fiscaux d'investissement existant actuellement en France pour la détention de produits financiers, d'autant plus que certains d'entre eux viennent d'être modifiés récemment avec la loi de finance de 2018.

Le choix du cadre fiscal est d'autant plus important qu'il a des impacts conséquents sur la rentabilité des produits structurés même si les nouvelles lois tendent à aller vers une certaine homogénéité de l'impôt. Toutefois, en fonction des spécificités de votre foyer (patrimoniales, maritales et fiscales) vous pourriez être tenté de privilégier un cadre plutôt qu'un autre.

Le compte titre ordinaire

Jusqu'à il y a peu, la réglementation fiscale du compte titre ordinaire était extrêmement dissuasive et pas du tout adaptée aux produits financiers, si bien qu'une grande majorité d'investisseurs avaient déserté ce type d'investissement.

Pour expliquer cela, il suffit de se pencher un instant sur le modèle fiscal tel qu'il avait été instauré par l'État depuis 2012. Il s'agissait d'un système néfaste et peu rentable pour l'investisseur qui reposait sur un système archaïque : « le prélèvement à la source non libératoire ». Pour l'expliquer brièvement, pour chaque gain vous deviez vous acquitter d'un acompte d'impôt d'un montant de 24 % plus 15,5 % de prélèvements sociaux. Par la suite, au moment de votre déclaration d'impôts, le montant réel d'imposition était recalculé et appliqué selon le barème progressif de l'impôt sur le revenu. En fonction de votre tranche vous étiez le plus souvent redevable d'un complément d'impôt :

- + 6 % pour la tranche à 30 % (30 % − 24 % déjà payés) ;

- + 17 % pour la tranche à 41 % (41 % − 24 % déjà payés) ;

- + 21 % pour la tranche à 45 % (45 % − 24 % déjà payés).

Autrement dit, votre taux d'imposition effectif s'échelonnait de 45,5 % à 60,5 % en incluant les 15,5 % de prélèvements sociaux effectués à la source.

Même si la procédure était relativement automatisée *via* la télétransmission avec vos établissements bancaires ou intermédiaires financiers, au final il s'agissait d'une « usine à gaz » totalement improductive.

Depuis la nouvelle loi de finance 2018, les choses ont évolué, et de façon plutôt favorable. Certes le montant des prélèvements sociaux est passé de 15,5 % à 17,2 % (soit une hausse de 10 % du taux appliqué) mais vous êtes désormais libre de choisir le modèle qui vous convient le mieux :

- l'application du barème progressif de l'impôt sur le revenu ;
- l'application d'un prélèvement libératoire à 30 % incluant les prélèvements sociaux.

Pour illustrer ce nouveau mécanisme, nous vous proposons de prendre connaissance du tableau suivant qui indique le montant dont vous devez vous acquitter en fonction des différents cas de figure pour 1 000 € de gains bruts.

Choix	Impôt	Gain
Prélèvement libératoire 30 %	1 000 € × 30 % = 300 €	700 €
Tranche à 30 % + 17,2 %	1 000 € × 47,2 % = 472 €	528 €
Tranche à 41 % + 17,2 %	1 000 € × 58,2 % = 582 €	418 €
Tranche à 45 % + 17,2 %	1 000 € × 62,2 % = 622 €	378 €

Même si à la lecture de ce premier tableau l'intérêt du prélèvement libératoire pour l'investisseur apparaît comme évident, nous forçons encore davantage le trait avec ce second tableau qui vous donne la comparaison d'un taux brut avec une hypothèse de 8 % en fonction de ces mêmes scénarios d'impôt.

Choix	Calcul du gain net	Taux net
Prélèvement libératoire 30 %	8 % × (100 % − 30 %)	5,6 %
Tranche à 30 % + 17,2 %	8 % × (100 % − 47,2 %)	4,24 %
Tranche à 41 % + 17,2 %	8 % × (100 % − 58,2 %)	3,34 %
Tranche à 45 % + 17,2 %	8 % × (100 % − 62,2 %)	3,02 %

Vous l'aurez compris, le système du prélèvement libératoire est une vraie aubaine pour l'investisseur.

Jusqu'à présent le compte titre ordinaire ne présentait donc qu'un intérêt très limité pour les investisseurs qui souhaitaient optimiser leur fiscalité. Avec cette nouvelle réglementation il vient donc désormais directement taquiner l'autre cadre fiscal réputé jusque-là comme étant le plus favorable : celui de l'assurance vie abordé dans le paragraphe suivant.

L'assurance vie

L'assurance vie est le deuxième cadre fiscal à avoir fait l'objet d'un changement important suite à la loi de finance de 2018.

En effet, jusqu'à présent, l'enveloppe de l'assurance vie permettait à l'investisseur de bénéficier d'un impôt réduit en fonction de la durée de détention.

Durée de détention	Prélèvement libératoire optionnel et cotisations sociales	Impôt total
1 à 4 ans	35 % + 15,5 %	50,5 %
5 à 8 ans	15 % + 15,5 %	30,5 %
8 ans et plus	7,5 % + 15,5 %	22,5 %

À cela s'ajoutait un abattement de 4 600 € par an et par adulte du foyer fiscal sur les plus-values de toutes sommes retirées après la huitième année de détention.

Ainsi, l'assurance vie revêtait également sur le plan fiscal un certain avantage face au régime commun du compte titre, moyennant une certaine durée d'immobilisation : taux maximum à 50,5 % contre 60,5 % et taux minimum à 0 % en cas de non-dépassement du seuil de cession annuel.

Les règles de la loi de finance de 2018 ont partiellement évolué et sont venues limiter l'intérêt de l'assurance vie sur la partie exonération des plus-values.

En effet, désormais le même régime fiscal est appliqué aux épargnants qui possèdent plus de 150 000 € sur un ou plusieurs contrats que celui utilisé dans le cadre d'un compte titre ordinaire. Autrement dit, pour quelqu'un qui disposerait d'un contrat d'assurance vie de plus de 8 ans, bénéficiant donc d'une fiscalité à 22,5 % à l'origine (7,5 % d'impôts libératoires et 15,5 % de CSG), et qui déciderait de le racheter maintenant, l'imposition serait désormais de 30 % avec la « flat tax ». Cela correspond donc à un alourdissement de sa fiscalité. Même si cette mesure ne concerne que les nouveaux versements effectués depuis le 27 septembre 2017, date d'entrée de la réforme, elle limite de façon très importante la « prime » à la détention longue. Le tableau suivant vous résume la situation.

Durée de détention	Avant la réforme	Après la réforme
1 à 4 ans	35 % + 15,5 %	30 %
5 à 8 ans	15 % + 15,5 %	30 %
8 ans et plus	7,5 % + 15,5 %	30 %

En synthèse, cela signifie qu'il n'est plus du tout intéressant de conserver son contrat d'assurance vie jusqu'à la date anniversaire des 8 ans pour pouvoir bénéficier de sa « ristourne » fiscale. Heureusement, l'abattement forfaitaire annuel de 4 600 € sur les plus-values par adulte du foyer fiscal est maintenu.

Quelle différence avec le contrat de capitalisation ?

Souvent amalgamés mais présentant quelques légères différences, les contrats de capitalisation sont également une enveloppe fiscale dans laquelle vous pouvez intégrer vos produits structurés.

Le tableau suivant vous indique les principales différences entre ces deux formes de contrat.

	Contrat d'assurance vie	Contrat de capitalisation
Succession au décès du souscripteur	Clôture automatique du contrat. Capital perçu exonéré de droits de succession jusqu'à un certain niveau.	Contrat transmissible qui fait partie de l'actif successoral.
Donation en cours de contrat	Impossible.	Possible en pleine propriété ou en démembrement.
ISF	Ne rentre plus dans l'assiette avec l'IFI qui remplace l'ISF. Anciennement seul le contrat d'assurance vie était intégré dans cette assiette.	

Dans la mesure où cet ouvrage est consacré aux produits structurés et non pas à l'assurance vie ni aux contrats de capitalisation, nous nous limiterons à cette lecture synthétique. Le point essentiel à retenir ici est que ces contrats conservent leurs intérêts respectifs dans la mesure où ils sont utilisés à des fins successorales.

Le PEA

Il s'agit d'un cadre fiscal qui permet à l'épargnant d'investir jusqu'à 150 k€ sur des supports actions dont les plus-values sont exonérées d'impôt sur le revenu (hors CSG + RDS) après une durée de détention de 8 ans. Pendant toute la durée de vie du produit, les investisseurs peuvent faire à leur guise des allers-retours sur des valeurs françaises ou européennes (moyennant le paiement des frais de transaction) à condition de ne pas sortir les sommes des comptes associés à ce cadre juridique.

Malheureusement, au-delà des actions classiques, assez peu d'autres produits financiers peuvent être détenus dans ce cadre juridique : les Sicav actions, les parts de fonds communs de placement, les certificats d'investissements, les certificats mutualistes, les certificats paritaires. Seuls 10 % des produits structurés émis sur le marché français en 2017 revêtent une forme juridique compatible avec le cadre PEA. Sauf à ce que la législation évolue, ce qui n'est pas prévu à court terme, vous ne pourrez utiliser le PEA pour détenir vos produits structurés que dans des cas relativement rares.

LES FRAIS DE PRODUITS STRUCTURÉS

Dans la première section de ce chapitre, nous avons abordé le cadre de détention qui constitue le premier élément déterminant de la rentabilité des produits structurés. Intéressons-nous à présent à l'autre aspect, celui de la rentabilité hors fiscalité.

Commençons par regarder les différents éléments qui viennent d'une certaine façon obérer la performance réelle des produits financiers et plus spécifiquement celle des produits structurés.

De façon traditionnelle, lorsque vous souscrivez un produit financier classique, vous devez en principe vous acquitter de trois sortes de frais différents.

Les frais d'entrée et de sortie dans le fonds (non récurrents)

La plupart des fonds traditionnels en unités de compte font supporter à leurs clients des frais d'entrée et parfois de sortie de l'ordre de 2 %. À cela s'ajoutent les frais facturés par les assureurs au titre de la gestion administrative des contrats et des arbitrages. Avant Internet, c'est-à-dire à l'époque où toutes les transactions se faisaient sur papier et avec des actions manuelles, ces pratiques étaient très courantes. Pour optimiser votre rendement il était donc absolument essentiel de minimiser le nombre de transactions. Avec l'automatisation des transactions vous pouvez désormais presque entièrement gérer vos souscriptions : apports de fonds, choix des supports. Dans le même temps, grâce à la concurrence et suite à la baisse des rendements, les assureurs ont été contraints de revoir à la baisse leur tarification. Si bien qu'avec un peu de recherches, vous serez en mesure de trouver des prestataires qui ne vous facturent que des frais limités.

Pour prendre la mesure du cumul de ces frais non récurrents dans la performance, le graphique suivant vous montre qu'en fonction de la nature des solutions souscrites, ces frais sont plus ou moins importants jusqu'à être réduits à 0 chez certains CGPI.

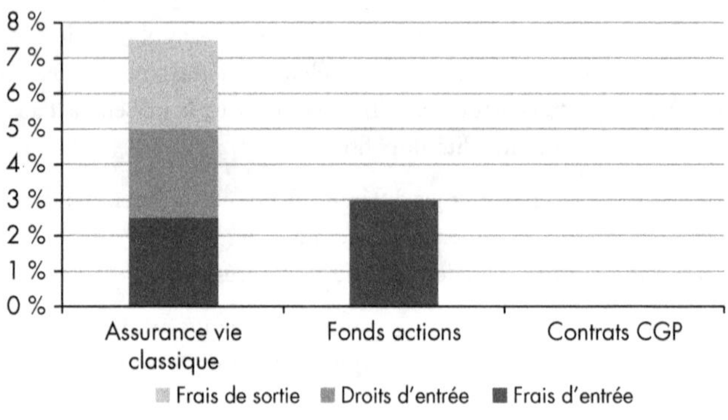

Figure 35 – Frais non récurrents en fonction du type de solution

Les frais internes de gestion du fonds (récurrents)

La très grande majorité des fonds traditionnels en unités de compte font supporter à leurs clients des frais de gestion moyens de l'ordre de 2 %, notamment pour rémunérer les gérants qui opèrent à l'intérieur du fonds. La majorité des banques de réseau pour le grand public, distributrices de ces solutions, facturent encore des frais de ce type, que ce soit des fonds classiques ou des solutions structurées. Toutefois, la tendance est désormais à la simplification, si bien que de plus en plus souvent, les produits sont proposés avec des frais de gestion déjà compris dans le montage de la solution. Ce sont les CGPI qui ont lancé les premiers ce type de solutions. C'est d'autant plus facile pour eux lorsqu'ils sont à la fois concepteur, promoteur et distributeur d'une gamme de solutions. Ainsi, si désormais ils n'apparaissent plus visuellement, ils se situent le plus souvent à un niveau proche de 1 %.

Les frais de gestion de votre compte (récurrents)

Ils correspondent aux frais de fonctionnement de votre intermédiaire financier, celui qui gère votre portefeuille pour vous et traite les transactions à chaque fois que vous passez un ordre d'achat ou une vente. Là encore, la concurrence jouant entre les banques et les CGPI, on retrouve souvent des frais aux alentours de 0,6 % par an alors qu'ils sont sur des niveaux bien supérieurs sur les fonds traditionnels ou dans le cadre de contrats d'assurance vie classiques. Le graphique suivant vous montre l'impact des frais récurrents sur la performance de votre contrat.

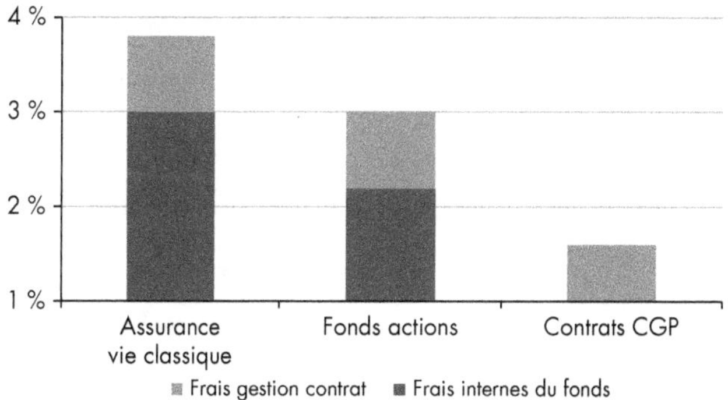

Figure 36 – Frais récurrents en fonction du type de solution

Pour juger de la performance réelle des solutions structurées, vous devez donc procéder à un examen attentif de leur notice d'information, afin non seulement de bien soupeser la prise de risque, mais aussi d'identifier précisément, au-delà du taux brut annoncé, le rendement moyen annualisé réel.

LE PRINCIPE DES INTÉRÊTS SIMPLES ET DES INTÉRÊTS COMPOSÉS

Vous ne le savez peut-être pas, mais tous les produits financiers qui vous sont proposés disposent de règles mathématiques différentes pour calculer les intérêts qui leur sont associés. Il existe deux méthodes : la première consiste à considérer des intérêts simples et la seconde à considérer des intérêts composés. Ce n'est pas le banquier ou votre intermédiaire financier qui décide mais la nature même du produit.

La différence fondamentale entre les deux formules est l'effet cumulatif ou non des intérêts qui viennent grossir votre capital. Pour illustrer ce propos, nous vous proposons de prendre connaissance de l'exemple suivant : vous investissez 10 000 € en année 0 sans ajout supplémentaire de capital et laissez votre capital pendant 10 ans, rémunéré à 3 %.

Voici le capital obtenu à chaque fin d'année en fonction de la méthode de calcul des intérêts.

Année	Intérêts simples	Intérêts composés
Année 1	10 300 €	10 300 €
Année 2	10 600 €	10 609 €
Année 3	10 900 €	10 927 €
Année 4	11 200 €	11 255 €
Année 5	11 500 €	11 593 €
Année 6	11 800 €	11 941 €
Année 7	12 100 €	12 299 €
Année 8	12 400 €	12 668 €
Année 9	12 700 €	13 048 €
Année 10	13 000 €	13 439 €
Gain total sur 10 ans	3 000 €	3 439 €

Sur la base de 3 % de rémunération annuelle, le différentiel de gain obtenu après 10 ans est de l'ordre de 15 % supplémentaires (3 439 C/3 000 €). Plus la rémunération annuelle est importante, plus ce différentiel de gain est important.

Pourquoi évoquer ce sujet dans un ouvrage consacré aux produits structurés ? Tout simplement parce que la rémunération proposée dans le cadre de ces solutions est toujours considérée en intérêts simples et non pas en intérêts composés comme c'est le cas pour d'autres solutions telles que les fonds en euros auxquels on les compare le plus souvent.

Même en tenant compte de cet élément, la rémunération proposée dans le cadre des produits structurés reste toujours plus intéressante que celle proposée dans le cadre des fonds euros. Toutefois, il existe une méthode relativement simple pour limiter cette contrainte liée au non-cumul des intérêts. Il suffit au moment du versement de vos intérêts annuels de les réinvestir vous-même de façon manuelle en nouvelles parts de produits structurés plutôt que de les laisser dormir sur votre compte sans rémunération. Vous recréerez ainsi vous-même la mécanique d'intérêts composés et obtiendrez la même rémunération que si vous étiez en intérêts composés.

SIMULATION DE LA PERFORMANCE D'UN PORTEFEUILLE

Pour mieux se rendre compte de la performance d'un portefeuille composé de solutions structurées, nous vous proposons de prendre connaissance d'une simulation sur la base des hypothèses réalistes suivantes :

- montant investi en année 0 de 10 000 €, sans ajout de capital supplémentaire pendant la durée de vie du contrat mais réinvestissement des intérêts reçus chaque année ;

- immobilisation des fonds pendant 8 ans ;

- rémunération fonds euros 2 %/an ;

- rémunération fonds structurés 9 %/an ;

- frais d'entrée : 0 % ;

- frais annuels : 1 %.

Hypothèse 1 : 100 % fonds euros.

Hypothèse 2 : 75 % fonds euros/25 % en produits structurés.

Hypothèse 3 : 50 % fonds euros/50 % en produits structurés.

Hypothèse 4 : 100 % en produits structurés.

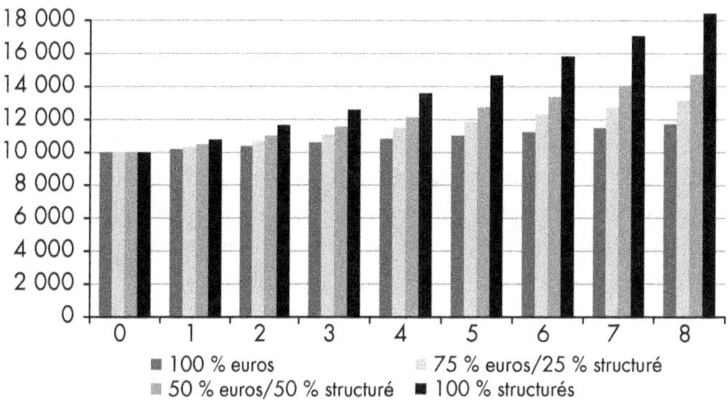

Figure 37 – Comparaison de la performance d'un portefeuille
en fonction de la proportion de produits structurés

Sur la base de ces quatre hypothèses, on remarque que les résultats sont sans appel puisqu'à l'issue de l'année 8 les performances constatées sont les suivantes.

Hypothèse 1 : 11 705 €.

Hypothèse 2 : 13 146 €, soit + 12 % *versus* hypothèse 1.

Hypothèse 3 : 14 740 €, soit + 26 % *versus* hypothèse 1.

Hypothèse 4 : 18 443 €, soit + 57 % *versus* hypothèse 1.

COMPARATIF AVEC UN PRODUIT DE DÉFISCALISATION

Avant d'effectuer un choix de placement, certains investisseurs sont malheureusement trop souvent guidés par la préoccupation de faire baisser leur taux d'imposition, sans suffisamment prendre le temps d'envisager les perspectives de performance propres à l'investissement, en dehors de tout avantage fiscal.

Pour illustrer cela, prenons l'exemple d'un support parfois utilisé par certains d'entre eux : les SOFICA (parts de sociétés dédiées à l'investissement cinématographique). L'investisseur bénéficie lors de la souscription de 48 % d'abattement d'impôt puis est généralement remboursé au bout de la sixième année (moyenne constatée selon le classement réalisé par *Le Figaro*) lors de la liquidation de la société. La valeur de remboursement des parts est quant à elle dépendante du succès des films sur lesquels les investissements ont été réalisés, mais en moyenne elle se situe autour de 70 % du montant de l'investissement réalisé, toujours selon ce même classement.

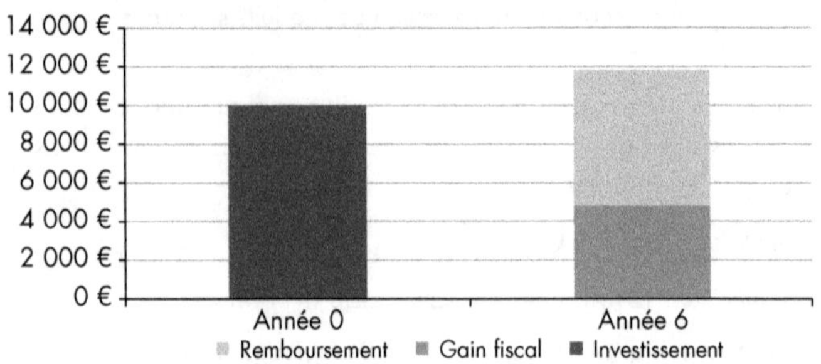

Figure 38 – Illustration d'un gain obtenu avec une SOFICA

Ainsi, en moyenne selon ces hypothèses, un investisseur qui aurait investi 10 000 € en année 0 aura bénéficié de 4 800 € de réduction d'impôt sur le revenu lors de la souscription puis récupéré 7 000 € à l'issue de la sixième année, soit au total 11 800 €, ce qui donne un rendement à peine supérieur à celui qu'il aurait obtenu en ayant investi à 100 % sur un fonds euros (11 250 € après 6 ans) et encore bien moins que les 15 826 € qu'il aurait perçus au bout de 6 ans en investissant à 100 % sur un produit structuré.

LA NOTION DE TAUX DE RENDEMENT INTERNE (TRI)

Vous trouverez très régulièrement évoquée pour vos différents placements financiers la notion de TRI, ce qui signifie plus communément « taux de rendement interne ». Ce taux est censé refléter de la manière la plus juste possible la rentabilité réelle annualisée des investissements réalisés. Celui-ci est généralement calculé hors fiscalité puisqu'il permet de mesurer la performance réelle du placement en dehors de tout autre facteur qui n'est pas lié à ses propres caractéristiques. La fiscalité peut en effet varier d'une année à l'autre et elle est surtout plus dépendante du foyer fiscal que du placement.

Pour calculer ce TRI, on prend en compte les éléments suivants :

- en gain :
- le rendement obtenu par le produit pendant toute sa durée de vie,
- la plus-value réalisée sur les parts au moment de leur vente dans le cas où celles-ci se sont valorisées par rapport au prix d'achat initial ou si le prix d'acquisition était inférieur au prix d'émission du produit ;

- en perte :
- les frais éventuels non récurrents au moment de l'achat/vente des parts,
- les frais de gestion pendant toute la durée de vie du produit,
- les moins-values éventuelles réalisées lors de la vente des parts.

Le taux de rendement interne est positif lorsque la somme de tous les gains cumulés est supérieure à la somme de toutes les pertes. Il est négatif lorsque les intérêts que vous avez cumulés ne sont pas suffisants pour couvrir vos pertes. Il évalue donc le rendement réel (hors fiscalité) et il est sujet à variation tant que le produit n'est pas soldé. À l'issue de la vente du produit, il est possible de calculer le TRI annuel (gain rapporté à la durée de détention), ce qui permet de faire une comparaison sur des bases semblables avec d'autres investissements.

Pour mieux comprendre, nous vous proposons de prendre connaissance d'un tableau avec trois produits distincts ayant chacun leurs propres caractéristiques et donc difficilement comparables les uns avec les autres sans utiliser la méthode du TRI.

Pour faire simple, considérons une détention de 6 ans avec une acquisition à la même date pour un même montant de 10 k€.

Produit	SOFICA	SCPI	Produit structuré
Gain fiscal à l'achat	48 %	0 %	0 %
Frais à l'achat	0 %	8 %	0 %
Frais pendant la vie du produit	0 %	0 %	1 %
Rendement annuel	0 %	4,8 %	9 %
Prix de la part à la revente (hypothèses réalistes)	80 %	106 %, soit 1 %/an	100 %
Gain total au bout de 6 ans	2 800 €, soit 466 €/an	3 301 €, soit 550 €/an	4 680 €, soit 780 €/an
TRI annuel	466 €/10 000 € = 4,66 %	550 €/10 000 € = 5,50 %	780/10 000 € = 7,80 %

Dans cet exemple, le produit structuré apparaît clairement comme présentant un TRI supérieur aux deux autres solutions bien que le calcul ait été fait à son désavantage. En effet, on a considéré que les intérêts générés annuellement n'engendraient pas eux-mêmes de nouveaux intérêts car ils n'étaient pas réinvestis. Le plus souvent les épargnants ont tendance à réinvestir les intérêts produits, ce qui a pour conséquence de faire un effet « boule de neige » et donc de démultiplier le rendement.

Nous avons également considéré dans cet exemple que le produit structuré a été acquis à son prix d'émission (100 % de la valeur de remboursement), ce qui n'est pas toujours le cas. En effet, quand le produit est acheté sur le marché secondaire à un moment où il est décoté, le rendement réel obtenu lors du dénouement du produit peut mécaniquement être très amélioré.

10

Quelles sont les **contraintes des produits structurés ?**

Comme nous l'avons vu dans les deux précédents chapitres consacrés aux avantages et à la rentabilité des produits structurés, ces solutions présentent un grand nombre de caractéristiques séduisantes notamment en termes de couple risque/rendement. Cependant, cet ouvrage ne serait ni juste ni exhaustif s'il occultait les risques qui sont associés à ces produits.

Même si ces risques ont statistiquement peu de probabilités de se produire, en particulier sur une durée de détention longue, il est nécessaire d'envisager l'impact qu'ils pourraient engendrer sur le devenir de vos avoirs. Vous serez ainsi parfaitement conscient de la nature de ces risques et en mesure d'y faire face le cas échéant.

Sans y mettre aucune hiérarchie en termes d'importance, nous avons choisi de découper ce chapitre en deux sections. La première est consacrée aux contraintes liées à la nature même de ces solutions et la seconde davantage consacrée aux risques inhérents à leur écosystème.

LES RISQUES LIÉS AUX CARACTÉRISTIQUES PRODUITS

Risques liés aux sous-jacents

Le premier facteur à évoquer lorsque l'on parle de produits structurés est évidemment le risque lié à leurs sous-jacents. Nous l'avons déjà assez dit, c'est sur le sous-jacent que va se jouer en grande partie la réussite de votre investissement en produit structuré. La qualité intrinsèque du sous-jacent est donc fondamentale. Pour que votre produit structuré aille au bout de sa date d'échéance, il faut que son sous-jacent fasse de même. Dès lors, il faut effectivement privilégier les sous-jacents qui offrent le plus de visibilité, c'est-à-dire ceux qui offrent le plus de chances de remplir les conditions demandées pour obtenir le remboursement du produit et tous les gains associés. Ce n'est pas tant la forte performance à l'échéance du sous-jacent qui est souhaitée mais le fait qu'il remplisse les critères de remboursement requis par le produit structuré à son échéance. Si vous bénéficiez d'une protection partielle du capital, celle-ci ne s'applique qu'à deux conditions : la valeur du sous-jacent ne doit pas descendre en dessous de cette protection et les valeurs qui composent le sous-jacent doivent toujours être « vivantes » à l'échéance de ce produit.

Attention, dans le cas d'un produit structuré obligataire, les conditions de bonne exécution de votre investissement sont encore plus draconiennes. En effet, statistiquement, le risque qu'une société ne puisse pas honorer une dette est encore plus grand que celui qu'elle disparaisse. En effet, parmi celles qui font défaut toutes ne disparaissent pas. En revanche, le défaut marque souvent les prémices d'une disparition par la suite ou à minima une restructuration de la société.

Votre sous-jacent n'est pas le titre de la société elle-même mais le titre de sa dette. Autrement dit, à l'échéance de votre produit structuré, le titre de la société peut ne pas avoir trop varié et en même temps voir sa dette passer en défaut car cela était déjà anticipé dans les cours. Du côté du produit structuré, l'événement de crédit, c'est-à-dire le défaut de remboursement, peut supprimer définitivement tout ou partie du montant de votre coupon annuel et du montant de la valorisation de votre titre lors du rachat à son échéance.

L'absence de dividende

La quasi-totalité des produits structurés ne donnent pas lieu à l'obtention de rendements supplémentaires liés aux valeurs qui les composent au-delà de ce qui est prévu dans le cadre du produit. Pendant la durée de vie du produit, vous renoncez à toute forme de paiement de dividendes annuels, pluriannuels ou exceptionnels. Dès lors, il est bien sûr très important que le rendement proposé par le produit structuré soit nettement supérieur au montant proposé sur un même sous-jacent sur lequel vous auriez investi directement, ou alors que le niveau de la protection du capital justifie à elle seule de se tourner vers ce produit structuré. Dans tous les cas, sur la période d'investissement envisagée, il convient de bien mesurer l'écart de performance réelle espéré entre un achat direct du sous-jacent ou *via* un produit structuré, compte de tenu de la diminution du facteur risque dans ce cas-là.

La valorisation en unités de compte

Le principe commun de la très grande majorité des produits financiers hors fonds en euros est d'être comptabilisés en unités de compte.

Concrètement, dans le cadre d'un produit structuré vous détenez des titres de créances bancaires dont le prix de marché est établi au jour le jour. Ce prix est sujet à variation en fonction notamment du sous-jacent de référence. C'est exactement le principe inverse des fonds euros dont la valeur est certaine à tout moment puisque établie par rapport au montant atteint par un capital valorisé en euros. Dans le cas d'avoirs détenus dans le cadre d'un produit structuré, la valorisation des titres peut ainsi être extrêmement volatile et incertaine. Il faut donc être prêt à assumer ce principe, notamment en période de faible valorisation du produit et davantage encore lorsque l'on a besoin de vendre ses titres pour obtenir des liquidités.

La non-maîtrise de la durée de l'investissement

Par essence, la durée de vie de l'investissement est toujours inconnue au moment de la souscription puisque celle-ci dépend des conditions de marché liées au support d'investissement. Celle-ci n'est en principe jamais inférieure à 12 mois et peut théoriquement aller jusqu'à 12 ans en fonction des produits et des conditions. Un investisseur pour qui le critère de maîtrise de la durée est important doit être extrêmement attentif avant d'investir. De façon générale, un investisseur qui aurait besoin de récupérer ses fonds par manque de trésorerie ponctuelle pourrait le faire à un moment inopportun, ne récupérant ainsi qu'une partie des sommes investies.

Par exemple, un épargnant particulier qui voudrait placer de façon temporaire de l'argent en vue d'un achat immobilier ultérieur ne doit pas utiliser ce support pour que sa trésorerie lui rapporte quelque chose.

Autre exemple, une entreprise qui aurait reçu un acompte de la part d'un client et qui voudrait investir cette trésorerie excédentaire ponctuelle ne doit pas le faire sur un produit Bourse de ce type, sauf à ce qu'il soit adapté à ses propres contraintes, par exemple des dates de constatation mensuelles, quitte à obtenir en contrepartie une rémunération plus faible.

Le plafonnement des gains

Les produits structurés offrent une protection partielle du capital. La contrepartie de cela est que l'investisseur accepte dans certains cas de ne pas bénéficier de la totalité de la hausse du sous-jacent sur lequel il a investi. Par exemple : l'investisseur a souscrit un produit structuré basé sur l'action Total à 40 € avec un gain de 6 % bruts par année de détention si l'action est stable ou en hausse. Considérons que le produit est soldé en année 8 et que l'action a augmenté de 60 % sur la même période pour atteindre 64 € à l'échéance. L'investisseur percevra uniquement 6 % × 40 € × 8 = 19,2 € bruts + 40 € initiaux, soit 59,20 €. Il aura donc gagné moins (dans le cas présent « seulement » 4,80 € de moins) que s'il avait investi directement sur le support de l'action Total. Si l'action avait davantage grimpé, l'écart en sa défaveur aurait été encore plus important. Autrement dit, sur la période de référence, il n'aura réellement sur-performé la valeur sous-jacente que si elle ne s'est appréciée qu'à un rythme inférieur à 6 % par an.

Risque de franchissement de la barrière de protection à l'échéance et/ou de perte totale du capital

Contrairement aux autres produits financiers traditionnels, actions ou obligations, les produits structurés ont la particularité de toujours proposer un niveau minimum de protection du capital à l'échéance jusqu'à un certain niveau de baisse de leur sous-jacent. Ce pourcentage de baisse « autorisée » est valide jusqu'à un certain niveau défini à l'avance au moment de la souscription. Il s'applique par rapport à une valeur de départ définie par la date de constatation initiale.

En contrepartie de cette protection partielle du capital en cours de vie du produit, si elle est franchie à son échéance, elle est tout simplement annulée.

Le souscripteur supporte ainsi à la fin de la vie du produit un risque de franchissement de la barrière de protection. La réalisation de ce risque se traduit par une perte équivalente à la totalité de la baisse du sous-jacent et pas au seul dépassement de la protection. Si la protection est de 40 % et que le produit termine à − 45 %, vous perdez donc bien les 45 % et non pas le différentiel avec la protection c'est-à-dire 5 %.

Dans le cas d'un « fonds classique », l'investisseur aurait toujours l'espoir que le sous-jacent revienne à un meilleur niveau ultérieurement puisque la durée n'est pas limitée. Avec le produit structuré, à sa fin de vie toutes les positions sont soldées quel que soit leur niveau.

Toutefois, pour qu'une perte de capital se manifeste à l'échéance du produit il faudrait à la fois qu'aucun remboursement ne soit intervenu pendant sa durée de vie et que sa valeur finale soit à un niveau inférieur à celui de sa protection. Cela renforce l'intérêt d'utiliser des produits à maturité longue pour limiter ce risque.

Enfin, dans tous les cas il est aussi entendu que tous les frais associés à la détention du produit pendant sa durée de vie ou ceux liés au contrat d'assurance vie restent par ailleurs toujours à la charge du souscripteur.

Voici un exemple très simple pour illustrer une telle situation : un produit structuré vaut 1 000 € à sa date initiale le 23 janvier 2017 avec un niveau de protection de 40 % et sa durée de vie est de 10 ans. Le 23 janvier 2027 le sous-jacent a baissé de 50 % et le produit structuré ne vaut plus que 500 €. L'investisseur ne sera remboursé que de 500 € auxquels il faudra en plus soustraire tous les frais qu'il subit pendant la durée de détention du produit (frais de garde ou d'assurance vie). Théoriquement, si la valeur du sous-jacent tombe à 0, il peut potentiellement perdre la totalité de son capital.

Évidemment, pour que ce risque théorique soit réel il faudrait que l'une des valeurs composant le sous-jacent fasse faillite pendant la durée de vie du produit. Dans ce cas-là, il s'agirait d'une faute manifeste de l'émetteur qui aurait choisi une valeur déficiente avec une analyse préalable inadaptée.

Cela nous rappelle à nouveau l'importance du choix du sous-jacent dans la décision d'investir.

Risque de change pour les produits libellés en devises étrangères

Vous le savez, tous les mois de nouveaux produits structurés apparaissent sur le marché. En principe, sur le marché français vous trouverez le plus souvent des produits issus de banques françaises. Pourtant, il n'y a aucune obligation en la matière. Ainsi, si votre intermédiaire financier (banque ou CGPI) vous propose un support issu d'une banque étrangère, c'est que l'assureur avec lequel il travaille accepte de « l'héberger ». Vous pourrez sans problème y souscrire s'il correspond à vos critères de choix.

Attention dans ce cas à être vigilant quant à la devise dans laquelle est libellée cette émission. En effet, on pourra retrouver la possibilité d'émission en francs suisses, yens, dollars américains ou autres. Même si cette éventualité est rare, elle n'est ni impossible ni interdite. Dans cette hypothèse l'investisseur doit supporter en plus des autres risques, le risque de change, c'est-à-dire la possibilité que la devise baisse pendant la durée de détention du produit. Illustrons cette situation au travers d'un exemple.

Admettons que vous souscriviez des parts d'un produit structuré le 1er janvier pour 10 000 € à un prix d'émission (100 %). Celui-ci est libellé en dollars à un moment où la parité est à 1 € = 1,15 $ et la part à 1 000 $. Vous obtenez alors 11,5 parts (10 000 € × 1,15 $/1 000 $) mais visuellement votre portefeuille est toujours valorisé en euros.

Au 30 novembre de la même année vous regardez la valeur de votre produit. Pour simplifier les choses, considérons que le sous-jacent n'a pas évolué et que vous avez toujours 11,5 parts :

- si le dollar a progressé de 10 % par rapport à l'euro, votre valeur de portefeuille sera alors de 11 000 € ;
- si le dollar a baissé de 10 % par rapport à l'euro, votre valeur de portefeuille sera alors de 9 000 €.

Pourtant aucun autre facteur n'est intervenu entre-temps. Dans la « vraie vie », les variations ne devraient en principe pas être aussi importantes, le cas échéant, sur une aussi courte période, mais on ne sait jamais… Nous ne sommes jamais à l'abri d'un événement imprévu. Aussi, si vous ajoutez à ce risque la variation du sous-jacent qui peut aller soit dans le sens contraire de la variation de la devise soit dans le même sens, vous obtenez alors un effet d'amortisseur ou d'accélérateur. Et tout le problème réside évidemment dans notre impossibilité à maîtriser réellement ce paramètre risque de change.

Le partage des risques et des gains difficile à évaluer entre l'émetteur et l'épargnant

Nous en sommes tous conscients : le premier objectif des produits structurés est de faire gagner de l'argent à l'ensemble des intervenants dans la chaîne d'investissement. Tout cela est parfaitement compréhensible et il n'y a pas d'équivoque là-dessus. L'intérêt des uns est également celui des autres. Mais compte tenu du montage complexe de ces solutions il est strictement impossible, sauf pour celui qui a conçu le produit, de savoir où est le point d'équilibre du partage des risques et de la performance entre la banque et l'épargnant.

Vient donc se poser naturellement la question légitime de savoir si cet équilibre ne se fait pas au détriment de l'investisseur. En pratique, personne ne connaît réellement les marges que prennent les banques sur la conception de ces placements. Les autorités boursières ont pourtant tenté d'étudier cette question dans les années 2000 mais elles ne sont jamais parvenues à obtenir de réponses claires et transparentes de la part des banques. Autrement dit, quand vous investissez sur un produit qui vous offre 7 % de gain par an sur 6 ans avec 40 % de protection, la banque n'aurait-elle pas pu vous proposer 8 % de gain par an sur 4 ans et 50 % de protection pour que le partage de valeur de la solution soit plus équilibré ? Nul ne sait le dire, vous ne pourrez donc compter que sur votre propre analyse pour évaluer le risque/gain. On ne le redira donc jamais assez, ces solutions ne sont adaptées qu'à ceux qui sont en mesure d'analyser et d'évaluer les offres proposées.

LES INCONVÉNIENTS LIÉS À L'ENVIRONNEMENT DU PRODUIT STRUCTURÉ

Risque de défaut de l'émetteur et du garant

Les produits structurés sont des solutions de placement qui sont montées par des établissements bancaires spécialisés que l'on nomme des « émetteurs ». Ceux-ci sont généralement des filiales dédiées de gros établissements bancaires qui sont eux définis comme étant des « garants ».

Le garant a pour fonction de garantir la formule de remboursement du produit émis et s'engage à garantir sur ses fonds propres les règles de remboursement prévues contractuellement. Dans le cas heureusement peu probable d'une faillite de la banque garante ou émettrice, il n'y aurait plus de contrepartie à la formule de remboursement et le produit ne vaudrait plus rien.

Même si c'est au distributeur du produit structuré d'être vigilant par rapport au sous-traitant avec lequel il travaille (la banque), il est toujours intéressant pour l'investisseur de savoir qui est derrière l'émission du produit. Les faillites de banques ne sont pas fréquentes car en cas de difficultés, elles se rachètent les unes les autres et l'acheteur prend en charge les dettes de la société acquise. Mais en théorie, ce risque n'est jamais totalement nul, y compris pour les plus grandes banques. Quelques exemples plus ou moins lointains sont là pour le rappeler : le Crédit Lyonnais contraint d'être racheté par le Crédit Agricole en 2002 et le rapprochement nécessaire des Banques Populaires avec la Caisse d'Épargne en 2009 après la crise des *subprimes* illustrent bien ce risque. Dans les cas cités, les engagements des « achetés » ont été assurés par les « acheteurs ».

Risque de marché et/ou de liquidité

Compte tenu de leur nature, les produits structurés sont extrêmement dépendants de facteurs liés aux marchés boursiers et aux taux d'intérêt. Les titres peuvent connaître à tout moment d'importantes fluctuations de cours (volatilité) aboutissant à une diminution ponctuelle ou permanente du capital investi. Dans le cas où l'investisseur, pour des raisons qui lui sont propres, aurait besoin de récupérer ses fonds à un moment peu propice au niveau des conditions de marché, il pourrait se retrouver dans une situation où il ne récupérerait qu'une partie du capital investi.

Risque de défaut de l'assureur ou de la banque détentrice du compte

L'assureur est celui qui détient les fonds investis pour votre compte dans le cadre d'un contrat d'assurance vie ou de capitalisation. L'assureur engage également ses fonds propres pour assurer le nombre d'unités de compte. De la même façon que la banque, vous êtes exposé au risque théorique certes peu probable de faillite, de défaut de paiement ou de dégradation de la qualité du crédit de celui-ci. En réalité, l'assureur est très souvent lui-même une filiale d'une banque, par exemple Predica, l'assureur filiale du Crédit Agricole. Dans le cas d'une détention d'un produit structuré en compte titre ordinaire, le risque est le même.

Cependant le risque assureur n'est pas plus important avec un produit structuré qu'il ne l'est avec un fonds euros qui serait détenu pour votre compte chez un même assureur.

Pour évaluer le risque du garant et de l'émetteur auprès duquel vous allez être lié pendant la durée de vie de votre produit structuré, vous trouverez régulièrement dans le prospectus de présentation simplifié la notation obtenue par ceux-ci auprès des grandes agences de notation.

En effet, dans le monde de la finance trois principales agences de notation indépendantes se partagent le marché en évaluant régulièrement les grandes entreprises mondiales et les États. Ces agences notent notamment chaque émetteur d'obligations en fonction de sa qualité. Plus la probabilité de défaut d'un émetteur est faible plus son « rating » est élevé.

Chaque agence dispose de son propre barème et de ses propres critères de notation mais on peut toutefois mettre ces notations en équivalence. Par ailleurs, les opinions émises sont le plus souvent convergentes car en réalité les méthodes d'évaluation sont assez comparables.

Type d'obligation	Standard & Poor	Fitch	Moody
Première qualité	AAA		Aaa
Haute qualité	AA+, AA, AA−		Aa1, Aa2, Aa3
Qualité moyenne supérieure	A+, A, A−		A1, A2, A3
Qualité moyenne inférieure	BBB+, BBB, BBB−		Baa1, Baa2, Baa3,
Spéculative	BB+, BB, BB−		Ba1, Ba2, Ba3
Très spéculative	B, B+, B−		B1, B2, B3
Risque élevé	CCC+		Caa1
Ultraspéculatif	CCC	CCC	Caa2
En défaut avec espoir de recouvrement	CCC−/CC/C/CI/RR	C, CC	Caa3, Ca
En défaut sélectif	SD	RD	C
En défaut	D	D	C

Ce barème peut sembler désuet puisque vous remarquerez que la plus mauvaise note possible est D et qu'à partir de B on est déjà considéré comme une obligation classée à haut rendement (comprendre « très spéculative avec un risque élevé »).

Sachez aussi que même si ces grosses agences sont réputées pour leur sérieux et leur indépendance, elles n'ont pas été en mesure d'éviter ou d'anticiper les grosses crises, notamment celle des *subprimes* en 2008. Cependant, elles conservent toujours une très forte écoute auprès de l'ensemble des opérateurs de marché et disposent d'une large influence sur le niveau des taux proposés aux entreprises qui empruntent.

Dans les faits, vous n'aurez pas vraiment à vous préoccuper de ces notes car sur le marché français vous ne trouverez que des produits émis par les plus grandes banques dont les notations sont toujours dans les trois premières catégories, c'est-à-dire les moins risquées. En revanche, lorsque vous envisagez d'investir sur un sous-jacent (une action exemple) pensez à avoir un œil sur sa notation pour avoir une idée de sa notation financière, et même si évidemment l'évolution de son cours dans la durée n'est que rarement liée à son rating.

Le risque éventuel de conflits d'intérêts

L'essentiel des produits structurés est émis par les banques qui choisissent les sous-jacents qu'elles considèrent comme étant les plus prometteurs. Cependant, vous n'êtes pas sans ignorer que ces mêmes banques disposent de nombreuses autres activités financières et commerciales pour le compte de leurs clients entreprises. On peut notamment citer l'introduction de sociétés sur les marchés financiers, la prise en charge d'augmentation de capital ou d'émissions d'obligataires pour le compte de leurs clients. Et le problème vient se poser quand ces mêmes clients sont à la fois les donneurs d'ordres pour ces banques et les supports sur lesquelles elles conseillent d'investir, notamment dans le cadre d'un produit structuré.

Évidemment, il convient d'être nuancé pour les quelques bonnes raisons suivantes.

Ces activités sont distinctes les unes des autres, elles sont donc gérées par des entités juridiques au sein de ces banques qui disposent d'objectifs et de critères de performances qui leur sont propres. Alors, même si au final c'est bien une même banque qui peut être à la fois en charge de développer l'activité d'un de ses clients et en même temps vous expliquer qu'il s'agit d'un très bon support d'investissement pour vous dans le cadre d'un produit structuré, l'un n'est pas incompatible avec l'autre.

Par ailleurs, comme nous l'avons déjà dit à plusieurs reprises, la banque n'a aucun intérêt à gérer l'émission de capital ou de dette obligataire d'un client qui serait un canard boiteux, ni de vous faire investir sur ce même mauvais élève car elle se mettrait en danger sur ses différents métiers. Cela constituerait pour elle une très mauvaise publicité aussi bien du point de vue de ses autres clients institutionnels que du point de vue de ses clients particuliers « premium » qui l'utilisent pour faire leurs placements financiers à titre personnel.

Enfin, un dernier argument peut être mis en avant. Comme vous pourrez vous en apercevoir, pour des questions de facilité de construction et de liquidité, les sous-jacents utilisés dans le cadre de placements structurés sont toujours réalisés sur de très grosses entreprises. La taille de ces entreprises ne garantit pas leur pérennité dans le temps mais elle garantit le fait que ces entreprises ne travaillent pratiquement jamais de façon exclusive avec une banque en particulier. Autrement dit, on peut considérer que c'est le jeu de la concurrence entre banques et la gestion de leur risque réciproque (risque de la banque pour le client et risque du client pour la banque) qui nous apporte une certaine garantie que chacun travaille de la manière la plus juste possible pour éviter les mauvaises surprises.

Toutefois, même avec de tels arguments pleins de bon sens, il est assez légitime de penser que sur le plan théorique, la proximité de ces différents métiers au sein d'une même banque puisse être considérée comme une source possible de conflits d'intérêts. Aussi, on ne peut totalement écarter cette hypothèse. N'hésitez donc pas à vous renseigner sur les relations entre la banque émettrice d'un produit structuré et la société mise en avant dans le cadre du sous-jacent proposé, cela n'éliminera pas le risque mais au moins vous en serez mieux informé.

La non-disponibilité de tous les produits structurés dans tous les contrats

Il existe une multitude d'émetteurs de produits structurés et de circuits de distribution (banques, CGPI). Tous les assureurs n'autorisent pas systématiquement « l'hébergement » de tous les produits structurés du marché sur leurs contrats. Ainsi, il arrive fréquemment qu'une offre soit intéressante un mois dans l'un des circuits et qu'une autre le soit un autre mois dans un autre circuit de distribution. Autrement dit, si vous avez un seul contrat ou une seule banque vous ne pourrez probablement pas avoir accès à l'ensemble des produits structurés disponibles sur le marché. Aussi, si vous voulez pleinement tirer parti des différentes offres du marché vous devrez disposer de plusieurs contrats auprès de différents établissements. Cela rendra un peu plus complexe la gestion de votre actif mais c'est une condition nécessaire d'optimisation si vous avez des avoirs conséquents à investir ou si vous avez régulièrement de nouvelles sommes à placer sur ce type de supports.

11

Les **stratégies** pour maximiser vos chances de succès

Nous avons tenté au travers de cet ouvrage de couvrir l'ensemble des paramètres qui régissent les produits structurés. Nous avons passé au crible tous les aspects, qu'ils soient techniques, financiers, juridiques ou fiscaux. Ce chapitre se présente donc comme une synthèse des bonnes pratiques que vous pourriez mettre en œuvre si vous décidiez à l'avenir d'investir sur ce type de supports. Tous ces conseils sont indépendants les uns des autres, mais par souci de clarté nous avons choisi de les regrouper en trois catégories :

- les conseils liés aux choix des caractéristiques intrinsèques des produits ;
- les conseils à adopter en termes de comportement personnel ;
- les conseils pour bien appréhender les différentes situations de marché.

Vous pouvez donc en appliquer un ou plusieurs simultanément en fonction de votre niveau d'expertise, de votre goût pour le risque ou simplement de vos propres convictions maintenant que vous disposez de toutes les connaissances théoriques.

SUR LE CHOIX DES PRODUITS

Ce premier paragraphe concerne uniquement les paramètres techniques des produits structurés sur lesquels porter votre attention pour exercer vos choix. Il s'agit d'évaluer, en dehors de toute considération exogène (marché, psychologie), les éléments clés qui nous conduisent à investir sur une solution proposée.

Intéressez-vous au sous-jacent du produit sur lequel vous investissez

La meilleure façon de se prémunir d'un risque est d'en être informé. Pour cela, rien de plus simple, tournez-vous vers Internet, au-delà des médias traditionnels tels que la télévision et la presse écrite, vous disposez désormais d'une information en temps réel et multisource. Ainsi, en prenant le temps nécessaire vous avez la possibilité de collecter énormément d'informations et si elles convergent pour pouvez considérer qu'elles sont relativement fiables.

Ainsi, lorsque vous êtes sur le point de vous engager sur un produit structuré, le bon réflexe à adopter avant même de vous pencher sur son rendement ou ses caractéristiques techniques, c'est d'analyser le contexte de marché et surtout l'actualité du sous-jacent.

Pour cela, procédez par étape et allez toujours du général au particulier en vous posant des questions basiques mais fondamentales.

- Quelle est l'actualité économique mondiale ?

- Quelle est la situation du pays d'origine du sous-jacent ?

- Quelle est l'actualité sectorielle du sous-jacent ?

- Qui sont ses concurrents et dans quelle situation se trouvent-ils eux-mêmes ?

- Quelles sont les perspectives du marché sur lequel votre société cible intervient ?

N'hésitez pas à vous rendre sur des forums ou à consulter les rapports annuels sur les grosses sociétés cotées, qui s'obtiennent facilement.

Toutes ces informations collectées vous permettront de vous faire une opinion qui vous confortera dans votre choix d'investir ou pas.

N'ayez pas peur des produits à maturité longue

Les durées maximales d'immobilisation de certains produits structurés tendent désormais à atteindre 10 ans, voire parfois 12 ans dans les cas extrêmes. Nous vous avons déjà donné les causes de ce phénomène qui s'explique par la baisse des taux d'intérêt obligeant à allonger les durées pour disposer de plus de marge de manœuvre dans la construction des produits. Aussi, plus un produit dispose d'une longue échéance, plus il offre la possibilité d'obtenir une performance élevée et un risque diminué, sa longue vie permettant de faire face aux aléas de la Bourse. Par ailleurs, gardez toujours à l'esprit qu'il s'agit d'une durée maximum d'immobilisation et non pas d'une obligation contractuelle. Enfin, on le répète toujours, « les performances passées ne préjugent en aucun cas des performances futures », mais sachez que les simulations historiques montrent qu'en moyenne 80 % des produits structurés sont remboursés de manière anticipée avant la quatrième année.

Évitez les supports non libellés dans votre monnaie d'origine

Comme nous l'avons dit dans le précédent chapitre, n'importe quel produit structuré peut être libellé dans n'importe quelle monnaie. Il n'y a aucune contre-indication à cela. Toutefois, sur le marché français, la majorité des solutions sont proposées avec un libellé en euros. Il n'y a alors pas de questions à se poser, cela représentera probablement 95 % des solutions que vous rencontrerez.

Dans certains cas cependant, si les conditions s'y prêtent, un émetteur peut décider de lancer une solution dans une autre monnaie que celle de son pays d'origine s'il estime qu'il y a l'opportunité d'un gain supplémentaire. Au-delà de tous les risques que vous supporterez avec la souscription d'un produit structuré classique, vous aurez de surcroît à supporter un risque de change qui améliorera ou dégradera la performance en fonction de son évolution.

Prenons l'exemple de la parité euros/dollars, qui varie ces dernières années et suivant les époques de 10 % à 15 %. Si vous avez souscrit un produit en dollars, en cas de hausse de 10 % de la devise au moment du remboursement vous gagnerez 10 % supplémentaires, et le contraire si le dollar a baissé. Les parités des devises varient selon des règles qui sont assez peu maîtrisables et surtout peu corrélées à la durée de vie d'un produit structuré. Il n'est donc pas nécessaire, sauf si vous aimez le risque, de rajouter de l'incertitude avec une composante supplémentaire qui joue surtout le rôle d'une loterie.

Ne soyez pas intimidé par des produits émis et cotés sur des marchés étrangers

Il ne vous a sans doute pas échappé que chaque produit structuré dispose, comme tous les produits financiers libellés en unités de compte, d'un code d'identification. En Europe, celui-ci commence toujours par deux lettres représentant le pays dans lequel ils sont cotés, suivies de plusieurs chiffres. Ainsi pour la France ce sera toujours « FRXXXXX », pour le Luxembourg « LUXXXXX » ou pour la Suisse « CHXXXXX ». Qu'est-ce que cela signifie et qu'est-ce que cela change ? Le plus souvent rien, si le produit fonctionne comme il est prévu au départ. Mais en cas de difficultés, par exemple sur l'émetteur, les produits immatriculés à l'étranger répondent à un droit local qui peut être moins protecteur que le droit français. De plus en plus de ces solutions utilisant la structure juridique de l'ETMN sont donc proposées sur le marché en utilisant des places de cotation étrangères. Cela permet aux émetteurs de disposer de plus de souplesse sur un grand nombre de critères de construction ou encore de réduire le coût de cotation du produit. Les produits de ce type seront donc potentiellement plus performants que leurs équivalents cotés sur le marché français. En contrepartie, l'épargnant sera moins bien protégé en cas de problème que si le produit avait été coté sur le marché français. Mais ce risque est en réalité assez théorique puisque rien n'interdit une banque émettrice française de proposer un produit de droit étranger, ce qui n'a donc pas d'impact d'un point de vue du risque émetteur.

Réduisez le risque avec les produits Phoenix plutôt que les produits Athena

Dans le chapitre consacré aux différents types de produits structurés, nous vous avons indiqué qu'il en existait de différentes natures : ceux qui distribuent des coupons chaque année (Phoenix) et ceux qui les versent en une fois au moment du remboursement (Athena). Toutes choses étant égales par ailleurs, les produits Athena proposent généralement des rémunérations légèrement plus importantes que les produits Phoenix, mais en échange d'un plus grand risque puisqu'ils ne « payent » qu'à la fin la totalité de la rémunération proposée.

Prenons un exemple avec une hypothèse : vous souscrivez en année 0 à deux solutions avec un rendement équivalent de 7 % par an pendant 8 ans. Vous mettez 1 000 € dans un produit Phoenix et 1 000 € dans un produit Athena, avec dans les deux cas une protection à 40 %. Pendant toute la durée de vie, le produit est resté au-dessus de son niveau de protection mais malheureusement à son échéance il termine à 50 %. Le tableau suivant vous montre l'impact à l'échéance du produit.

	Phoenix	Athena
Gain pendant la durée de vie	1 000 € × 7 % × 7 ans = 490 €	0
Récupération du capital à l'échéance	1 000 € – 50 % = 500 €	1 000 € – 50 % = 500 €
Récupération totale	500 € + 490 € = 990 €	500 € + 0 € = 500 €

Dans un cas vous avez pratiquement absorbé la totalité de vos pertes grâce aux gains annuels qui ont été versés. Dans l'autre cas vous n'avez rien gagné pendant 8 ans et en plus vous avez enregistré une perte à l'échéance.

Évaluez la cohérence du niveau de protection proposé

Pratiquement plus aucune solution proposée sur le marché n'offre aujourd'hui une garantie de capital à 100 %. La très grande majorité des produits se positionne sur une protection comprise entre 30 % et 50 %. Si votre tendance naturelle est de ne vous tourner que vers les solutions offrant une protection à 50 %, il s'agit d'une erreur de jugement. Tout produit doit d'abord s'évaluer en fonction de son contexte. Certaines solutions ne proposeront qu'une protection à 30 % mais l'étude du sous-jacent montrera que ce niveau est suffisant, rapporté à la volatilité des cours historiques sur 10 ans, et que sur la période d'investissement envisagée les perspectives anticipées sont favorables. À l'inverse, l'étude d'un produit bénéficiant d'une protection à 50 % peut montrer que la volatilité de cours sur 10 ans est bien supérieure à une variation de ce niveau et que les perspectives de résultats sont médiocres. Dans ce cas, la protection pourtant élevée pourra s'avérer finalement insuffisante compte tenu des risques associés.

Le rendement ne doit jamais être le seul critère de choix

Le rendement est évidemment un élément fondamental de votre choix d'investir. Mais plus encore que la valeur du pourcentage annuel de gain proposé, celui-ci doit toujours être contextualisé, c'est-à-dire analysé en prenant en compte l'ensemble des paramètres structurels du produit. N'oubliez jamais que 8 % d'un gain de zéro reste égal à 0, alors que 7 % d'une valeur tangible représente réellement un gain. Pour parler plus clairement, si le rendement offert semble intéressant mais que les conditions pour y parvenir ne semblent pas réalistes, il n'y a aucun intérêt à investir sur le produit. Dans un marché stagnant, est-il plus réaliste d'envisager un gain de 7 % par an si le produit atteint 90 % de sa valorisation initiale au bout de 4 ans ou d'envisager un gain de 9 % par an si le produit atteint 110 % de sa valorisation initiale après ces mêmes 4 ans ? En réalité, il n'y a pas de bonne réponse mais plutôt de bonnes analyses. Tous les éléments de réflexion doivent être pris en considération et surtout pas le seul rendement théorique.

Favoriser les produits avec plusieurs dates de constatation annuelle

On dit souvent que la Bourse a ses humeurs, mais elle a surtout ses saisons pour faire prendre de la valeur à un secteur d'activité ou à un titre. En effet, plusieurs études réalisées ces dernières années montrent, qu'indépendamment d'autres facteurs structurels, les valeurs sont souvent cycliques et dépendantes d'une conjoncture dont les saisons sont partie intégrante.

Ce phénomène s'explique très facilement et comme très souvent en Bourse tient essentiellement à des facteurs psychologiques.

En hiver par exemple, les valeurs liées à l'énergie ont tendance à monter car on se dit qu'il fait froid, que l'on va consommer beaucoup plus d'électricité, de gaz et de pétrole, donc que les bénéfices des entreprises de cet écosystème vont grimper. Au printemps ce sont davantage les valeurs liées au tourisme ou à l'automobile qui vont monter, car on pense aux vacances et on réserve ses voyages ou l'on s'achète un nouveau véhicule. Quant à l'automne, ce sont plutôt les valeurs liées à l'équipement qui monteront car à la rentrée on songe à se rééquiper en appareils pour la maison. Même si tout cela peut sembler totalement en dehors du propos et donc futile, cela n'en demeure pas moins un vrai facteur décisionnel.

En effet, lorsque vous investissez sur des produits structurés, vous savez qu'il existe pendant la durée de vie du produit des « dates de constatation » qui permettent d'établir leur niveau de valorisation par rapport à leur date d'émission. Ainsi, plus vous avez de dates de constatation dans l'année, plus vous avez de chances que le seuil attendu pour rembourser le produit soit atteint. Aussi, quatre dates de constatation dans l'année c'est quatre fois plus de chances d'être remboursé. Si vous ajoutez à cela le facteur de saisonnalité des valeurs, vous comprenez ainsi l'intérêt de ces multiples dates pour augmenter les chances de gains rapides.

Rappelons cependant, comme nous l'avons déjà signalé, que la présence de dates multiples a un coût. Ainsi, toutes choses étant égales par ailleurs, un produit proposant plusieurs dates de constatation donnera souvent un rendement légèrement moindre qu'un produit présentant moins de dates de constatation.

SUR VOTRE COMPORTEMENT PERSONNEL

L'objectif de ce paragraphe est de vous apporter les éclairages nécessaires vous permettant d'adopter un mode de pensée qui soit cohérent avec le type d'investisseur que vous êtes. La souscription d'un produit structuré doit toujours être réalisée en douceur, sans jamais être une source d'inquiétude démesurée.

Lisez attentivement les documents de souscription du produit

La forme des documents présentés lors de la souscription des solutions est extrêmement encadrée par le législateur. Vous aurez à disposition la brochure commerciale qui présente le produit. Le « term sheet » correspond quant à lui à une version plus juridique de ce même document. En fonction de la nature de la souscription, vous aurez aussi deux ou trois autres documents additionnels :

- le rapport de mission, si vous passez par un CGPI. Il résume d'une façon globale la nature de votre investissement, l'impact sur votre patrimoine et quelques autres données financières ;

- le bulletin de souscription, avec un avenant dans le cas d'un investissement dans le cadre d'un contrat en assurance vie.

Ce n'est pas tant la forme des documents qui doit être vérifiée, dans le sens où aucun prestataire financier ne se risquerait à vous présenter des documents qui ne respecteraient pas scrupuleusement la forme requise. En France, les investisseurs sont très bien protégés et les risques sont tels pour le prestataire que vous n'avez pour ainsi dire aucun sujet d'inquiétude sur cet aspect. C'est donc surtout le contenu de la brochure commerciale et le « term sheet » associé qu'il convient de bien appréhender. Vous devez vous assurer que vous avez bien compris l'ensemble des paramètres constitutifs du produit afin de n'avoir aucune surprise non anticipée qui pourrait être source de déception. En un mot, si vous ne comprenez pas le produit, n'y souscrivez pas. Il y a en permanence de nombreuses offres disponibles sur le marché, vous en trouverez toujours une qui vous conviendra.

Déterminez votre profil investisseur

Tout comme les produits financiers qui disposent chacun de leurs propres caractéristiques, chaque investisseur dispose de ses propres paramètres d'évaluation pour juger de la pertinence d'un produit par rapport à sa situation personnelle. Parmi ces éléments distinctifs, on peut citer :

- l'âge de l'investisseur ;

- le montant de son patrimoine global ;

- la structure actuelle de ce patrimoine ou sa répartition ;

- sa capacité d'épargne ;

- son expérience en matière de placement ;

- ses besoins d'argent sur différentes échéances de temps ;

- sa situation familiale ;

- ses objectifs de transmission ;

- sa propension à accepter du risque ;

- ses objectifs personnels.

Il existe ainsi une multitude de paramètres qui peuvent influencer votre choix d'investissement en matière de produits structurés. Ils peuvent intervenir tant sur les montants que vous êtes prêt à y consacrer que sur le choix des produits vers lesquels vous allez vous diriger.

En partant de l'analyse de votre propre situation et d'une bonne connaissance de vous-même, vous pourrez déterminer votre propension au risque et donc votre profil et les produits associés.

- *Profil conservateur :* produits moins risqués et moins rémunérateurs.

- *Profil neutre :* produits d'optimisation de la performance et de participation.

- *Profil dynamique :* produits plus risqués à gain élevé et produits leviers.

Soyez à l'écoute des opportunités : travaillez avec plusieurs réseaux de commercialisation

Comme nous l'avons vu dans le chapitre consacré à ce sujet, les produits structurés sont distribués au travers de différents réseaux de commercialisation, comme les banques et les CGPI.

Ainsi, chaque maillon de la chaîne (CGPI, assureur, émetteur) travaille avec ses propres fournisseurs et clients de solutions. Or si vous avez été attentif au chiffre que nous avons communiqué, ce sont chaque mois pas loin d'une quarantaine de nouveaux produits qui sont disponibles sur le marché français. Et pour être tout à fait sincères, il est assez difficile de classer les fournisseurs de solutions sur la base des résultats obtenus par leurs produits.

La réalité est en fait très différente. Tout dépend finalement de l'opportunité de marché détectée à l'origine par l'émetteur et de la façon dont il a structuré l'offre qui en découle. Pour faire simple, celui qui propose la meilleure solution un certain mois ne sera pas forcément celui qui proposera la meilleure solution le mois suivant. De nombreux paramètres interviennent et empêchent de considérer qu'un réseau propose systématiquement les meilleures opportunités. Ainsi, on peut parfaitement imaginer qu'un réseau en phase de conquête de nouveaux clients à un certain moment fasse un effort particulier pour commercialiser une solution, peut-être avec moins de marge pour parvenir à son objectif de prise de parts de marché.

Vous l'aurez donc compris, si vous n'avez qu'un seul fournisseur vous n'aurez accès qu'à ses offres et passerez donc systématiquement à côté de la totalité de ce qui existe sur le marché. Trouver les meilleures solutions suppose d'être informé ; si vous ne travaillez qu'avec un nombre restreint de prestataires, vous ne le serez pas. Idéalement, il faut donc pouvoir s'appuyer sur au moins trois contrats issus de réseaux distincts. Ce sera plus difficile à suivre mais au moins vous serez toujours informé de l'actualité du marché.

N'investissez que des sommes dont vous n'avez pas besoin

L'un des grands principes des produits structurés est de permettre au souscripteur de connaître l'ensemble des hypothèses de travail dès le moment de son achat. Cependant, vous ne savez pas *a priori* laquelle de ces hypothèses va se réaliser. En conséquence, aussi performant soit un produit vous ne saurez jamais à l'avance combien de temps durera votre investissement puisque sa durée de vie et le montant de votre remboursement dépendent des conditions de marché. Alors, si vous souhaitez investir de l'épargne court terme, il faudra évidemment vous détourner de ce type de solution. *A contrario*, si vous êtes dans une optique de transmission d'un capital long terme, dans une approche dynamique de votre épargne, le produit structuré peut se présenter comme une bonne proposition de valeur.

Diversifiez votre portefeuille de produits structurés

On le sait, les cours de la Bourse fluctuent en permanence à la hausse comme à la baisse, de façon globale ou sur un secteur en particulier. Indépendamment des opportunités de marché, vous devez vous prémunir au maximum des risques. Pour cela, vous devrez donc nécessairement :

- *travailler avec plusieurs lignes de titres*, c'est-à-dire des solutions basées sur des sous-jacents différents les uns des autres. En effet, on n'est jamais à l'abri qu'un événement imprévu vienne contrarier un sous-jacent, que ce soit un indice, un secteur d'activité ou une valeur même si tous les voyants étaient au vert à l'origine ;

- *investir le plus régulièrement possible*, c'est-à-dire avec des dates d'entrée différentes. On n'est jamais certain d'être à un point haut ou un point bas au moment d'investir. Alors, investir à différentes périodes, y compris sur un même sous-jacent, permet de réduire le risque d'un investissement à un moment peu opportun ;

- *utiliser des produits dont les dates d'échéance sont le plus étalées possible dans le temps.* Il s'agit toujours du même principe : le succès des entreprises et des secteurs varie d'une année sur l'autre. La Bourse aussi a ses humeurs, et pas toujours aux mêmes saisons dans l'année. Ainsi, plus vous disposez de solutions avec des échéances variées et plus vous avez de chances qu'il s'agisse du bon moment pour réaliser votre gain ;

- *limiter le plus possible votre taux d'exposition à une seule solution.* Il sera toujours préférable de disposer d'un portefeuille de 100 lignes à 1 000 € représentant donc chacune 1 % de votre portefeuille plutôt que de disposer de 20 lignes à 5 000 € représentant chacune 5 % de votre portefeuille. En cas de difficulté sur un produit, vous limiterez ainsi l'impact sur votre portefeuille global.

Soyez attentif à la banque émettrice

Nous l'avons vu, la souscription d'un produit structuré est avant tout une dette de la banque émettrice vis-à-vis de vous. Au-delà de la nature du sous-jacent, vous devez essayer le plus possible de vous prémunir du risque de l'émetteur. Nous en avons parlé, les établissements bancaires comme toutes les grandes sociétés sont suivis par des agences de notation qui évaluent en permanence et de façon totalement indépendante un suivi de solvabilité des émetteurs de créances. Cette notation est systématiquement présentée dans la brochure commerciale remise au moment de la souscription, de telle sorte que vous connaissez toujours le nom de l'émetteur et sa note associée.

Il faut le reconnaître, il y a jusqu'à ce jour une liste relativement restreinte d'émetteurs sur le marché français. Par ailleurs, tous sont parfaitement connus et identifiés. Ils interviennent le plus souvent depuis de nombreuses années. Dès lors, ce risque apparaît relativement modeste. Pour autant, on pourrait très bien imaginer à l'avenir qu'un nouvel acteur (banque émettrice) pas forcément d'origine française décide de se lancer sur le marché en présentant des produits *a priori* intéressants par leur nature mais représentant un profil de risque plus important en tant que banque émettrice. Aussi, avant d'investir il convient de se renseigner sur les états de services de cette banque émettrice dans son pays d'origine mais également sur ses différents métiers, ne serait-ce que pour savoir à qui vous avez affaire. Cette démarche très simple vous permettra de mieux appréhender le « risque émetteur ».

Utilisez une matrice d'analyse pour appuyer vos choix d'investissements

Lorsque vous êtes en situation de pouvoir réaliser un investissement sur un produit structuré, il n'est pas toujours aisé de savoir si c'est le bon moment pour vous positionner. Au-delà de l'analyse conjoncturelle du sous-jacent, c'est-à-dire de la compréhension de l'actualité de l'entreprise ou des entreprises concernées qui est nécessaire, la réalisation d'un tableau d'analyse complémentaire peut également être opportun si vous souhaitez conforter votre analyse par des éléments chiffrés.

Il s'agit de mettre en place une matrice vous permettant d'évaluer l'opportunité de rentrer ou pas sur le produit proposé en fonction de critères objectifs basés uniquement sur le calcul des écarts.

Pour bien comprendre, prenons un exemple concret : on vous propose de rentrer sur un produit Phoenix avec la thématique automobile comprenant trois valeurs : Fiat, Valeo et Volkswagen, avec les caractéristiques suivantes :

- protection à l'échéance jusqu'à − 40 % ;

- coupons versés pendant la vie du produit jusqu'à − 30 % ;

- remboursement à 90 % de la valeur initiale.

L'idée générale est qu'au moment d'investir vous puissiez effectuer une comparaison du cours actuel des sous-jacents utilisés avec les paramètres complémentaires tels que :

- le cours initial des sous-jacents au lancement du produit ;
- le cours nécessaire pour bénéficier du remboursement ;
- le cours nécessaire pour bénéficier des coupons détachés ;
- le cours limite pour obtenir un remboursement du produit ;
- le cours le plus bas en historique sur 10 ans ;
- le cours le plus haut en historique sur 10 ans.

Sous-jacent	Valeurs de référence						
	Cours initial	Cours actuel	Cours limite coupon	Cours limite protec-tion	Cours limite rembour-sement	Histo-rique + bas cours	Histo-rique + haut cours
Fiat	19,8 €	15,5 €	13,9 €	11,9 €	17,8 €	5,7 €	19,8 €
Valeo	64,4 €	39,5 €	45,1 €	38,6 €	58,0 €	40,8 €	64,6 €
Volkswagen	181,9 €	151,0 €	127,3 €	109,1 €	163,7 €	35,3 €	243,8 €

Sous-jacent	Calcul des écarts					
	Écart avec cours initial	Écart avec + bas cours	Écart avec + haut cours	Écart paie-ment du coupon	Écart niveau de protection	Écart seuil de rembour-sement
Fiat	− 22 %	170 %	− 22 %	12 %	30 %	− 13 %
Valeo	− 39 %	− 3 %	− 39 %	− 12 %	2 %	− 32 %
Volkswagen	− 17 %	328 %	− 38 %	19 %	38 %	− 8 %

Grâce à ces éléments vous pourrez ainsi mieux évaluer si le niveau de valorisation actuel des différents composants de votre sous-jacent vous permet d'espérer :

- le remboursement de votre capital par l'atteinte de l'objectif ;
- le paiement des coupons pendant la durée de vie du produit.

Pour mémoire, pensez toujours qu'en cas d'un sous-jacent constitué de plusieurs valeurs de référence, c'est bien l'exhaustivité du comportement de chacune des valeurs qui est à prendre en considération. Ainsi, si une seule d'entre elles ne répond pas à vos critères d'investissement, il ne faut évidemment pas investir sur ce support. Dans l'exemple présent, on voit que le titre Valeo pose problème. En effet, non seulement il a enfoncé ses plus bas historiques (– 3 % en dessous) mais en plus il a pratiquement atteint le niveau maximum de sa protection (+ 2 % au-dessus). Donc par prudence, dans cette situation il vaudra mieux ne pas investir.

FACE AUX INCERTITUDES DU MARCHÉ

Il s'agit ici d'adopter quelques principes de bon sens pour vous prémunir des aléas du marché indépendamment de la qualité du produit structuré ou de son sous-jacent.

Investissez sur les indices quand les valorisations sont basses

Les produits structurés sont émis très régulièrement par les établissements bancaires, y compris en période de « vaches maigres » ; c'est-à-dire quand le marché est déprimé. La date de constatation initiale sert de référence pour déterminer la valeur initiale du produit. C'est à partir de ce point que sera calculée la performance du produit structuré. Lorsque les marchés ne sont pas bien orientés, l'ensemble des valeurs sont basses. Cependant, toutes ne sont pas logées à la même enseigne en termes de valorisation à ce moment-là. Certaines valeurs sont faiblement valorisées du fait de la conjoncture mais sont individuellement solides. Au contraire, d'autres sont à de faibles niveaux car leurs propres performances ne sont pas satisfaisantes. Dans ces conditions, il est assez difficile de discerner la bonne « valeur magique », c'est-à-dire celle qui est impactée défavorablement par l'humeur du marché plutôt que de son propre fait. Dans ce type de situations, pour réduire le risque, il est préférable de s'intéresser à des solutions dont les sous-jacents sont basés sur les grands indices (CAC, Eurostock). En effet, au moment de la remontée généralisée des marchés, ils permettront de bénéficier sans risque de se tromper de cette hausse grâce à leur effet indiciel qui agrège de multiples valeurs. À l'inverse, si vous vous êtes trompé en choisissant une valeur spécifique qui ne bénéficie pas de la hausse généralisée des marchés pour des raisons qui lui sont propres, vous risquez de ne pas réaliser votre gain.

Pour réaliser votre gain, gardez la tête froide

Comme nous l'avons vu, avec les produits structurés vous ne savez jamais à l'avance pour quelle durée vous êtes engagé, si ce n'est la durée maximum. Indépendamment de la qualité intrinsèque du sous-jacent choisi, le marché fait régulièrement les montagnes russes. Alors ne cédez jamais à l'euphorie ou à la panique et laissez le produit vivre sa vie. Si celui-ci descend, ne vous dites pas que la situation est perdue et ne vendez surtout pas ! Même si vous en avez techniquement la possibilité.

Rappelez-vous que les produits structurés obéissent à des règles de valorisation spécifiques qui peuvent les faire baisser plus vite que leur sous-jacent associé. Ne faites donc pas l'erreur d'un débutant, c'est-à-dire vendre au plus mauvais moment alors même que vous bénéficiez d'une protection partielle souvent importante, contrairement aux actions classiques. Sachez aussi qu'en cas de remontée, la revalorisation du produit peut être plus rapide que celle du sous-jacent. Pour autant, gardez à l'esprit qu'en cas de très forte remontée du sous-jacent, le gain du produit structuré sera – sauf exception – toujours plafonné par la somme des gains restants dans le cas du scénario le plus favorable. Le mieux est donc de laisser vivre le produit jusqu'à son extinction naturelle, c'est-à-dire en principe son remboursement.

Sachez profiter des soubresauts du marché

Il existe quelques rares cas dans lesquels il peut être plus intéressant de vendre le produit avant son échéance plutôt que d'attendre sa maturité finale. Voici deux cas qui témoignent de telles situations.

Premier cas

La valorisation de votre produit atteint aujourd'hui pratiquement le même montant que celui que vous obtiendriez si vous restiez investi jusqu'à sa date d'échéance. En récupérant l'argent maintenant, vous pouvez le réinvestir à de meilleures conditions.

Exemple : vous avez investi il y a quelques années 1 000 € à 7 % par an, il vous reste 2 ans de vie sur le produit, soit une espérance de gain de 140 € sur les 2 ans résiduels. À date, le produit est valorisé 1 130 €. C'est-à-dire pratiquement le même montant que si vous attendiez 2 ans supplémentaires, mais vous pouvez récupérer l'argent maintenant. Par ailleurs, une autre solution comparable à 7 % est actuellement disponible sur le marché. En vendant maintenant, vous récupérez vos 1 130 €, auxquels vous ajouterez 7 % l'année prochaine. Vous aurez donc gagné sur la période 209 € (130 € pour cette année + 79 € supplémentaires pour le réinvestissement), alors que si vous aviez attendu sans rien faire vous n'auriez gagné que 140 € au total.

Second cas

Vous avez fait une erreur d'investissement en achetant un produit il y a plusieurs années qui n'a fait que baisser, soit parce que le secteur d'activité est en berne, soit parce que la société sous-jacente a connu des difficultés qui n'étaient pas prévues.

Exemple : votre produit est descendu l'année dernière à un niveau inférieur à votre niveau de protection, par exemple − 50 %. Heureusement, il y a actuellement une embellie générale du marché qui profite à l'ensemble des valeurs, y compris les plus faibles structurellement. Grâce à cela vous avez retrouvé pratiquement 95 % de votre cours d'origine mais ne croyez fondamentalement pas au succès du produit sur le long terme. Vous pouvez alors profiter de cette embellie temporaire pour récupérer votre argent et passer à autre chose. Vous n'aurez pratiquement rien perdu en capital et supporterez simplement le manque à gagner sur les intérêts, ce qui est moins dramatique.

Choisissez les bons sous-jacents en fonction des contextes de marché

De façon générale, les marchés financiers sont très sensibles à de nombreux paramètres qui ne sont pas toujours sous votre contrôle. Pourtant, quel que soit le contexte de marché, il est nécessaire de savoir manœuvrer, pour pouvoir investir intelligemment. Les produits structurés répondent à cette problématique puisqu'ils présentent l'avantage de pouvoir être utilisés dans n'importe quelle condition de marchés. Cela ne signifie pas qu'il faut investir aveuglément sur n'importe quel sous-jacent. Voici deux axes de réflexion pour orienter votre choix de sous-jacent.

Premier élément

Vous vous souvenez que les sous-jacents utilisés peuvent être multiples. Le contexte de marché est un facteur très important à étudier. Il vous permettra de choisir le type de sous-jacent. Pour couvrir 95 % de l'offre du marché, vous savez que vous avez globalement le choix entre : une valeur, un panier de valeur ou un indice. Vous savez aussi que plus vous vous exposez à une valeur unique, plus votre risque est important et votre gain associé également. Inversement, plus vous allez vers un indice large, moins votre risque est important mais votre gain est aussi réduit puisque vous êtes contraint par l'inertie de l'ensemble des valeurs qui le composent.

Aussi, plus votre conviction est forte plus il est préférable d'investir sur une valeur précise. Si ce n'est pas le cas, préférez alors plutôt investir sur des indices. Imaginons que le marché dans son ensemble est en forme stagnante mais que vous savez que le secteur des biotechnologies a le vent en poupe sur les deux ou trois prochaines années. Vous ne connaissez pas de façon précise la ou les valeurs qui vont décoller. Il peut être pertinent d'utiliser un sous-jacent composé de plusieurs valeurs de ce secteur qui représente un bon compris de deux facteurs environnementaux relativement divergents : le marché et le sous-secteur des biotechnologies.

Second élément

Quelles perspectives anticipez-vous ? Une hausse, une baisse, une stagnation ou une forte volatilité ? Cet élément peut sembler basique mais il permet de déterminer assez facilement le type de produits structurés que vous allez choisir. Plus vous anticipez une hausse, moins les mesures de sécurité seront nécessaires (protection du capital, fréquences des dates de constatation…). En revanche, pour maximiser les montants des rendements espérés, vous pourrez en principe privilégier davantage un produit de type Athena généralement plus rémunérateur.

Dans le cas inverse – l'anticipation d'une stagnation ou d'une baisse modérée –, soyez davantage attentif à toutes les mesures de protection du capital. Et pour sécuriser vos gains chaque année de façon presque certaine, vous pourrez utiliser un produit de type Phoenix qui diminuera légèrement le rendement espéré mais aussi l'incertitude associée au produit.

Prenez aussi pour principe général que plus les marchés ont connu une hausse récente importante et plus cette valorisation des indices aura tendance à se ralentir du fait de résistances psychologiques des intervenants de marché.

N'hésitez pas à chercher les bonnes affaires sur le marché secondaire

Les produits structurés sont des titres de créances émis par les banques. Comme tous les titres, ils sont cotés sur le marché sur la base de différents paramètres techniques que nous avons vus, mais pour l'essentiel sur la valeur du sous-jacent. Vous savez également qu'en cas de vente de vos titres et d'absence d'acheteurs sur le marché, la contrepartie de vos titres sera assurée par la banque émettrice. Ainsi, à tout moment vos titres sont vendables. Dans certains cas, au moment d'une baisse ponctuelle des marchés, des produits plus ou moins récemment émis peuvent se retrouver disponibles sur la base d'une valorisation très décotée.

Voici un exemple : un produit a été émis sur la base de 1 000 € la part avec une rémunération de 7 % par an au moment où son sous-jacent valait 100. Si le sous-jacent baisse de 30 %, sa valeur est alors à 70 et la valeur de la part est alors de 700, pour simplifier (car en réalité la baisse de valorisation du sous-jacent n'est jamais proportionnelle à la baisse de la valeur de la part). Vous pouvez, avec 1 000 € d'investissement, acquérir 1,43 part (1 000/700). Vous aurez par la suite 7 % de rémunération sur la base de 1,43 part et bénéficierez en cas de remboursement de 1 430 € (soit 1,43 part × 1 000 €). Votre gain sera ainsi démultiplié.

Même si nous avons déjà pu profiter de cela à titre personnel, les situations de ce type sont en fait assez rares. Cela pour deux raisons essentiellement. D'abord vous n'êtes pas forcément au courant de la disponibilité d'un produit décoté sur le marché, sauf si votre fournisseur (CGPI ou banque) fait le travail et vous en informe. Ensuite, un produit peut parfaitement être décoté sur le marché mais par ailleurs ne pas être disponible parce que personne ne le propose à ce moment-là à la revente. Autrement dit, si ces situations sont assez rares, les gains obtenus par ces achats sur le marché secondaire peuvent procurer des rendements très importants. Pour cela, il faudra faire preuve de courage et disposer de convictions fortes sur les sous-jacents choisis, y compris en période de forte décote.

Conclusion

Après avoir rencontré la gloire pendant une dizaine d'années entre 1995 et 2005, à l'époque où on les appelait « fonds à formule », les produits structurés ont connu par la suite des moments plus sombres lorsqu'ils ont entamé leur mutation en « produits structurés » tels que nous les connaissons aujourd'hui. Ils ont alors été relégués à un second plan en termes de solutions financières proposées aux particuliers. On leur attribuait ainsi injustement une réputation de produits dangereux.

C'est sous l'impulsion des différents acteurs du monde de la finance et des organismes régulateurs que les produits structurés ont opéré une véritable métamorphose. Elle leur a permis de revenir avec succès sur le devant de la scène.

Plus simples dans leurs mécanismes de fonctionnement et donc beaucoup plus faciles à comprendre, ils attirent de nouveau une part croissante d'investisseurs en quête de prédictibilité et de leviers de performance. Au-delà de leur propre évolution, ils bénéficient aussi du courant très favorable de taux durablement bas sur les contrats d'assurance vie libellés en euros.

Maintenant « réhabilités », ils ont obtenu le statut de classe d'actifs à part entière et leur existence est à présent considérée comme légitime au sein des différentes solutions financières disponibles sur le marché. Pourtant, alors qu'ils semblent à présent avoir atteint une certaine forme de maturité, tout le monde s'accorde à dire qu'à l'avenir ils ne pourront conserver leur place qu'à deux conditions. D'une part, être capables de se conformer en permanence aux évolutions réglementaires, et d'autre part adapter régulièrement leur mode de fonctionnement face aux mouvements toujours plus erratiques du marché.

Du point de vue de l'investisseur, il faut rester conscient que les produits structurés demeurent toujours des solutions assez techniques qui ne peuvent être pertinentes que dans le cadre du respect d'un certain nombre de bonnes règles d'utilisation et de gestion de son épargne.

Avant d'investir sur des produits structurés, il est essentiel que l'investisseur ait une approche à la fois raisonnée et raisonnable. Pour cela, deux choix s'offrent à lui : se faire accompagner par un professionnel de la gestion de patrimoine, ou acquérir lui-même le socle de connaissances minimum. C'est bien cette base de connaissances théoriques que nous avons modestement essayé de vous transmettre par l'intermédiaire de cet ouvrage.

L'adage « c'est en forgeant que l'on devient forgeron » est plus que jamais d'actualité puisque pour être efficace il n'y a pas de meilleure façon que d'expérimenter soit même, quitte à le faire sur de faibles sommes. Pour cela, au-delà des caractéristiques propres aux produits utilisés, il vous faudra :

- comprendre la psychologie des marchés ;

- vous connaître vous-même et votre capacité à supporter le risque ;

- respecter la règle d'or de la diversification.

De leur côté, les opérateurs de solutions ont déjà accompli un véritable travail pédagogique pour aider les investisseurs à atteindre la maturité nécessaire à la manipulation de ces outils.

Pour prendre en compte l'hétérogénéité de ces investisseurs, ils ont considérablement étoffé leurs offres ces dernières années et il y a maintenant de très larges gammes de produits disponibles. À chaque mode de détention (assurance vie, compte titre), situation de marché, ou profil d'investisseur, les opérateurs du secteur proposent des solutions pertinentes tant en termes de maîtrise des incertitudes que d'exposition au risque, tout en maintenant des rendements attractifs et la disponibilité du capital. Il ne s'agit évidemment pas de philanthropie de leur part mais bien de la traduction de leur volonté de trouver de véritables relais de croissance face au risque que représente pour eux cette bombe à retardement que sont les contrats en euros à rendements anémiques.

À quoi pourraient ressembler les produits structurés de demain ?

Il est assez difficile de le dire avec précision mais à ce jour deux tendances de fond se dessinent clairement.

La première est d'ordre juridique. Échaudés par les problèmes rencontrés sur la première génération de produits structurés et conscients du fort potentiel de cette classe d'actifs pour les prochaines années, les différents organismes de régulation, français ou européens, vont continuer à renforcer la réglementation à plusieurs niveaux :

- sur la façon de présenter les documentations aux investisseurs ;
- sur la façon de régir les relations entre les investisseurs et leurs intermédiaires financiers ;
- sur la façon de construire les produits structurés sur le plan technique.

Cette volonté est nourrie de bonnes intentions puisque l'objectif commun de ces trois niveaux d'intervention est de parvenir à une transparence toujours plus importante afin d'augmenter la lisibilité et de réduire le plus possible les cas de litiges.

Si le législateur ne peut être blâmé pour son action, on peut cependant s'inquiéter d'une législation qui pourrait à l'avenir devenir trop restrictive. En voulant réguler de façon trop abondante l'utilisation de ces produits, on pourrait finir par tuer le poussin dans l'œuf. Car, si les conditions deviennent trop restrictives ou contraignantes, le concept même du produit structuré pourrait être remis en question en perdant tout son attrait d'utilisation. Nous n'en sommes pas encore là, mais la situation mérite d'être suivie avec attention.

La seconde tendance tient bien entendu à l'évolution technologique, et notamment actuellement à la « blockchain » qui agite le monde bancaire. Ses applications dans ce domaine apparaissent multiples. Dans un avenir proche, elle pourrait permettre la mise à disposition, de façon publique, d'une énorme base de données qui garderait la trace de chaque transaction de façon totalement transparente et sécurisée, sans faire appel à un organe central de contrôle. Ces transactions pourraient alors être plus nombreuses, plus efficaces et moins coûteuses. Ce sera peut-être alors la fin de certains acteurs de la chaîne de valeur tels que nous les connaissons, car leur existence deviendrait obsolète… Mais c'est déjà une autre histoire, que l'on pourra peut-être raconter dans un prochain ouvrage d'ici quelques années.

En attendant, pour conclure, permettez-nous de vous remercier pour la lecture assidue de cet ouvrage. Nous espérons qu'il aura autant suscité votre intérêt que nous avons eu de plaisir à l'écrire. Nous espérons aussi qu'il vous aura aidé à mieux comprendre tous les enjeux passionnants que représentent les produits structurés. Nous vous souhaitons bien sûr de rencontrer un maximum de succès pour tous vos investissements futurs et nous vous disons à bientôt, avec peut-être un prochain ouvrage sur d'autres solutions…

Présentation des auteurs

À PROPOS DE RÉGIS BRYMAN

Passionné d'informatique et de nouvelles technologies depuis l'adolescence, Régis Bryman s'est découvert une seconde passion pour l'économie et la finance pendant ses études. Quelques années plus tard, diplômé d'école de commerce, il exerce ses activités professionnelles dans l'univers des nouvelles technologies qu'il affectionne toujours autant. Cependant, il n'en a pas oublié sa deuxième passion et décide alors de consacrer une partie de ses loisirs à l'expérimentation d'investissements sur différents supports tous liés aux finances personnelles. Ainsi, en près de vingt ans, il a pu tester toutes sortes de techniques de placements dans de nombreux domaines.

En 2017, il se lance dans l'écriture d'un premier livre sur le « crowdlending » dans lequel il partage son analyse et les différentes stratégies qu'il a pu mettre en place. Aujourd'hui, il décide de s'attaquer à un nouveau sujet : les produits structurés, des solutions méconnues d'une majorité d'épargnants car jugées trop complexes. Pour l'occasion, il s'associe avec Jean-François Fliti qu'il connaît de longue date afin de bénéficier de la vision d'un professionnel de la finance. La vocation de l'ouvrage quant à elle n'a pas changé : permettre au plus grand nombre d'aborder les marchés financiers sous un angle de vue qui sort des carcans habituels.

Il peut être contacté par mail à l'adresse suivante : rb75@free.fr

À PROPOS DE JEAN-FRANÇOIS FLITI

Diplômé en droit de Paris 2-Assas, puis en fiscalité de l'université Paris 9-Dauphine, Jean-François Fliti a baigné depuis son jeune âge dans l'économie et la finance. Après un parcours de fiscaliste puis de banquier de fortune et enfin de banquier d'affaires, il cofonde une structure de conseil en gestion privée et en recherche de financement bancaire pour les sociétés et les personnes physiques.

Il peut être contacté par mail à l'adresse suivante : jfliti@allurefinance.fr

Remerciements

L'écriture de ce livre a représenté une aventure passionnante. Pour autant, la complexité du sujet traité a demandé beaucoup d'énergie et de travail. Nous avons pu bénéficier de contacts privilégiés dans le monde de la banque en général et des salles de marché en particulier. Nous avons ainsi pu nous appuyer sur une documentation très riche, voire souvent très technique…

Pour terminer, nous souhaiterions rendre le plus bel hommage à Corinne, qui s'est prêtée au jeu du relecteur même si la finance n'est pas naturellement son domaine de prédilection. Grâce à son œil de profane mais néanmoins aiguisé, elle a su prodiguer de nombreux conseils tant sur le fond que sur la forme.

Nous avons ainsi pu transformer un sujet qui peut apparaître comme aride au départ pour les non-initiés en un exposé qui, nous l'espérons, aura convaincu le plus grand nombre.

Merci d'avoir choisi ce livre Eyrolles. Nous espérons que sa lecture vous a été utile et vous aidera pour mener à bien vos projets.

Nous serions ravis de rester en contact avec vous et de pouvoir vous proposer d'autres idées de livres à découvrir, des nouveautés, des conseils ou des événements avec nos auteurs.

Intéressé(e) ? Inscrivez-vous à notre lettre d'information.

Pour cela, rendez-vous à l'adresse go.eyrolles.com/newsletter ou flashez ce QR code (votre adresse électronique sera à l'usage unique des éditions Eyrolles pour vous envoyer les informations demandées) :

Vous êtes présent(e) sur les réseaux sociaux ? Rejoignez-nous pour suivre d'encore plus près nos actualités :

 Eyrolles Business et Eyrolles Web Dev et Web Design

 Eyrolles Business

 Eyrolles Business

Merci pour votre confiance.
L'équipe Eyrolles

P.S. : chaque mois, 5 lecteurs sont tirés au sort parmi les nouveaux inscrits à notre lettre d'information et gagnent chacun 3 livres à choisir dans le catalogue des éditions Eyrolles. Pour participer au tirage du mois en cours, il vous suffit de vous inscrire dès maintenant sur go.eyrolles.com/newsletter (règlement du jeu disponible sur le site)

Composé par STDI

Dépôt légal : septembre 2019
Imprimé en Allemagne par BoD

www.ingramcontent.com/pod-product-compliance
Lightning Source LLC
LaVergne TN
LVHW051155060726
842526LV00014B/3208